HÜTER DER SONNE

Mana
Pools

Mt. Darwin

Chikwaka Area

Lake Kariba

Matusadonha

Harare

Chiendambuya

Zambezi

Chizarira

Nyang

Victoria Falls

Mutare

Zimunya
Communal
Lands

Hwange

Gweru

Serima Mission

Masvingo

Bulawayo

Great Zimbabwe

Mahenye

Matopos

Gonarezhou

Matabeleland

Mwenezi

National Parks

Zimbabwe

CHENJERAI HOVE
ILIJA TROJANOW

HÜTER
DER
SONNE

Begegnungen mit
Zimbabwes Ältesten –
Wurzeln und Visionen
afrikanischer Weisheit

FREDERKING & THALER

FOTOS: ILIJA TROJANOW

Die Deutsche Bibliothek – CIP-Einheitsaufnahme
Hüter der Sonne / Chenjerai Hove; Ilija Trojanow.
(Hrsg. von Monika Thaler). –
München: Frederking und Thaler, 1996
ISBN 3-89405-353-4
NE: Hove, Chenjerai; Trojanow, Ilija; Thaler, Monika (Hrsg.)

© 1996 Frederking & Thaler GmbH, München
Alle Rechte vorbehalten
Herausgegeben von Monika Thaler
Übersetzung: Ilija Trojanow
Lektorat: Berthold Clewing, München
Umschlaggestaltung und Layout: 2005 Werbung, München
Umschlagfoto Ilija Trojanow: Isolde Ohlbaum
Kartengestaltung: 2005 Werbung, München
Herstellung: Lukas Blue, München
Farbreproduktion:
media one Werbeproduktionen GmbH, Puchheim
Druck und Bindung:
Mohndruck Graphische Betriebe GmbH, Gütersloh
ISBN: 3-89405-353-4
Printed in Germany
Umwelthinweis: Das Papier wurde aus chlorfrei gebleichtem
Zellstoff hergestellt und enthält keine Aufheller. Die
Einschrumpffolie – zum Schutz vor Verschmutzung – ist aus
umweltfreundlicher und recyclingfähiger PE-Folie.

INHALT

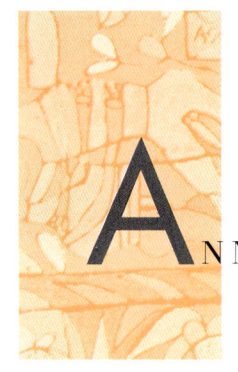

ANNÄHERUNG ◆
Chenjerai Hove, Ilija Trojanow

Ein Kind wird geboren, in einer strohgedeckten Hütte. Die Hebamme stößt Schreie aus. Echos der Schreie kehren von den anderen Frauen zu ihr zurück. Die Männer wenden ihre Blicke ab, verbergen ein Lächeln. Bald tritt die Hebamme mit der Nabelschnur aus der Hütte, um diese unter einem Ameisenhügel zu begraben. Eine Ziege oder ein Huhn wird geschlachtet. Das Blut der Nabelschnur vermengt sich mit dem Blut des Tieres. Die Erde des Ameisenhügels ist Teil der Seele, die geboren wird. Aus dem Blut steigt Leben, und Tod. ◆ Später, viele Jahre später, ist aus dem Kind ein Mann oder eine Frau geworden, eingehüllt in die Gerüche der Heirat. Die Ältesten, die Männer und Frauen, flüstern miteinander. Eine Ziege wird herbeigeschleppt und geschlachtet. Blut vermengt sich mit weiterem Blut. ◆ Das Alter schleppt sich heran, wie ein verwundetes Tier, geschwächt und sich doch seiner Schritte sicher. Tod. Bei der Beerdigung wird ein Ochse oder eine Kuh geschlachtet. Blut vermengt sich mit Tod. ◆ Blut vermengt sich mit Geburt, mit Heirat und schließlich mit Tod, dem Reich der Vorfahren. ◆

In den Stimmen dieses Buches sind Symbole des Lebens und des Todes. Die Bedeutung der natürlichen und künstlichen Dinge. Die Ausformung des psychologischen Gerüsts eines Volkes, das die Stimmen der Vögel und der Wirbelwinde fühlt und hört und ihnen Bedeutung verleiht, eines Volkes, das in den Gesichtern von Jung und Alt die Vorfahren sieht, das Geschichte in allem geschrieben sieht, in Stimmen, in Landschaften, überall. Darin liegt das Besondere dieses Buches. Einfache Menschen, deren Leben auf einfacher Philosophie basiert, sprechen darüber, was das alles für sie bedeutet. ◆ Ein Baum hat ein Blatt. Das Blatt belügt den Betrachter. Wir alle nennen den Baum grün. Anstatt daran zu denken, daß das Blatt nur ein Teil, ein winziger Teil des Baumes ist. Die Shona sahen den Baum an und begriffen, daß die Blätter lügen. Weisheit erwuchs aus dieser natürlichen Beobachtung. »Wenn du einen

*Wenn du einen Ast hinter
dir herschleppst, werden
die Blätter folgen.*

Ast hinter dir herschleppst, werden die Blätter folgen.« ◆
Weisheit ist die Essenz, die eine Gesellschaft aus der Betrach-
tung der Bäume, der Flüsse und Felsen gewonnen hat, aus
menschlicher Erfahrung, der Welt der Vorfahren und der
Geister, der Sprache und der Stille. ◆ Menschen formen ihr
Schicksal durch Sprache und Bewegung. Sie (er)sprechen ihr
Schicksal. Sie singen es. Sie tanzen es. Sie malen es. Und sie
begehen es, mit jedem Schritt die Straße entlang. Die Erde
formt Sprache und wird von Sprache geformt. Der Akt des
Benennens ist ein Akt des Formens. Der Akt menschlicher
Bewegung ist ein Bewegen auf ein Schicksal zu. ◆ Eine Karte
ist kein unschuldiges Stück topographischer Wiedergabe. Sie
spricht von Höhen und Tiefen, von Weite und Nähe. Der eigene
Geburtsort ist der Ort einer grundlegenden seelischen Landschaft. Das menschliche Fleisch ist Teil der Erde. »Am Anfang
war das Wort, und das Wort wurde Fleisch.« Und Fleisch wurde
Erde, Himmel, Wind und Luft. Wir sprechen von der Substanz
der Dinge. Wenn ein Fluß durch die Landschaft fließt,
durchfließt er auch die Gefühle der Menschen. Wenn ein Berg
sich erhebt, die Luft herausfordert, erhebt er sich auch in unseren Gefühlen, in unserer Seele. Ein Himmel, der sich über die
Weite unseres Raums erstreckt, ist Teil unseres emotionalen
Raums. ◆ Diese Züge der Natur sind elementar für die menschliche Erfahrung. Sie umfassen das menschliche Wissen. Sie bilden die Grundlage der Philosophie. Ohne sie gibt es kein
menschliches Denken. Poesie und Erzählung sterben aus ohne
die Elemente der Natur, in deren Tiefe ihre Wurzeln trinken …

Chenjerai Hove

Rund fünfhundert Jahre nachdem Vasco da Gama Afrika umse-
gelte und somit als erster des ganzen Profils unseres südlichen
Nachbarn gewahr wurde, glauben die meisten Europäer, das

traditionelle Afrika sei untergegangen, oder kurz davor, in der Konfrontation mit einem viel stärkeren, sprich unserem, System unterzugehen. Ob Staats- oder Erziehungswesen, ob Kleidung oder Technik, die europäische Zivilisation scheint sich gänzlich durchgesetzt zu haben. Ein fragwürdiger Erfolg. Die katastrophalen Folgen werden allgemein beklagt, doch Abhilfe verspricht man sich wiederum vom Export unserer Kultur, von Allheilmitteln, die seit Jahrzehnten der ganzen Welt angepriesen werden: Investitionen, Marktwirtschaft, parlamentarische Demokratie. ◆ Noch trägt Afrika seine Vergangenheit in sich, noch könnten wir die kulturelle Einbahnstraße von Nord nach Süd verlassen. Noch verhalten sich viele Afrikaner anders, als wir aus dem Norden es erwarten. Angesichts der überwältigenden Technik der fremden Eroberer hat sich Afrikas Widerstand zunehmend auf stille Verweigerung beschränkt. Die Beziehung zwischen Europa und Afrika war bislang von gegenseitiger Täuschung geprägt: Die Europäer gaben vor, Gutes zu bringen, und die Afrikaner gaben vor, es anzunehmen. Europäisches Drängen stößt weiterhin auf afrikanische Resistenz, in keinem Bereich mehr als im Geistigen. Wer von der Missionierung Afrikas spricht, übersieht, daß die meisten Besucher sonntäglicher Gottesdienste die Verbindung zu den Vorfahren, zu traditionellen Ritualen aufrechterhalten. Unabhängige afrikanische Kirchen lassen das Traditionelle und das Christliche gleichberechtigt nebeneinander bestehen – die Zahl ihrer Mitglieder steigt. Das Althergebrachte hat mehr Ausdauer, als viele vermuten. Es gibt Werte, schrieb Frantz Fanon in seinem Buch *Schwarze Haut Weiße Masken*, die sich der Herrschaft der Weißen nicht fügen. Diese Werte leben weiter, vor allem in den Alten und Ältesten. ◆ Wenn wir die Werte unseres Humanismus ernst nehmen, können wir nicht umhin, Afrika als einen Partner zu akzeptieren, von dem man durch Zuhören auch lernen kann. »Wir bitten sie, unser zu gedenken, und so erinnern auch wir uns an sie und ehren sie«, beschreibt einer der Ältesten das Verhältnis zu den Vorfahren. »Heute sind die Stimmen tot, denn keiner hört ihnen zu«, sagt eine der Frauen. Leben entsteht immer aus wechselseitigen Beziehungen. Die Beschwörung erweckt den Beschworenen zum Leben, und der Zuhörer gebiert den Redenden. Gegenseitigkeit müßte auch für die Beziehungen zwischen Europa und Afrika gelten. Nur wenn wir die Gedanken und Gefühle Afrikas mit ihrer ganzen Fremdheit wahrnehmen und diesen Kulturen helfen, sich an die technische

Die Beschwörung erweckt den
Beschworenen zum Leben, und der
Zuhörer gebiert den Redenden.

Moderne anzupassen, ohne sich selbst zu verlieren, kann dieser
vernachlässigte und geschundene Kontinent wieder zu seiner
vergangenen Lebensfähigkeit finden. Und die Afrikaner müssen
ihrerseits auf ihre eigenen Stimmen hören. Daß sich das
Zuhören für uns lohnt, möchte dieses Buch in einem bescheide-
nen Ausmaße zeigen.   Ilija Trojanow

Vor langer langer Zeit befiel eine Dürre das Land der Tiere,
dessen Friede noch nicht von den Menschen gestört wurde. Die
Dürre traf alle. Kleine Ameisen. Eidechsen. Hyänen mit ihrem
wildem Appetit und der Lust, alles Fleisch, das ihnen begegnete, zu fressen. Löwen mit ihrer würdevollen Macht. Elefanten,
jene übergroßen Schweine. Sie liefen umher und wußten nicht
ein noch aus. »Was sollen wir tun?« fragte ein jeder von ihnen.
Ihre Häute waren ganz runzlig vor Hunger. Ihre Stimmen wurden immer schwächer. Die Sonne brannte auf sie herab. All die

Bäume waren schon gestorben. Das Land sah aus wie der kahle
Rücken eines Elefanten in der Trockenzeit. ◆ Eines Tages hatte
der Pavian, in seiner ungeschickten Art zu denken, eine blühen-
de Idee in seinem dunklen Kopf. »Es gibt Wasser unter dem
Boden. Dort ist Wasser«, sagte er, und seine Frau nickte zustim-
mend. Sie war es ja, die geträumt hatte, daß es dort unten, tief
in der Erde, Wasser gibt. ◆ Also begannen die Tiere, nach
Wasser zu graben. Sie gruben und gruben und gruben und gruben, bis allen der Rücken schmerzte. Während sie weitergru-
ben, fiel einem von ihnen auf, vielleicht war es Eidechse oder
Chamäleon, daß Hase mit seiner ganzen Familie fehlte. ◆ »Wo
ist Hase? Wo ist der Betrüger?« riefen alle Tiere aus. Jemand
gab zu bedenken, daß Hase vielleicht die Nachricht nicht erhalten hatte. Also schickte man jemanden aus, um Hase mitzutei-
len, was im Gange war, und ihn für die gemeinsame Arbeit der
Tiere einzuspannen. ◆ »Nein«, zierte sich Hase. »Ich möchte

mein schönes Fell nicht beschmutzen. Macht ihr nur, grabt weiter, ich werde schon Wasser trinken, ob ich grabe oder nicht!«, rief er, und seine Stimme hallte durch die Hügel. ◆ Als der Brunnen gegraben war und das Wasser heraufquoll, beschlossen die anderen Tiere, daß Hase sich nicht in der Nähe des Ortes aufhalten dürfe. Er würde verdursten, dachten sie. ◆ Jeden Tag bewachte ein anderes Tier den Brunnen. Sie wachten und wachten, aber regelmäßig gelang es Hase, mit leeren Kalebassen anzukommen und mit vollen Kalebassen davonzugehen. Gelegentlich gönnte er sich sogar ein Bad. ◆ Als den Tieren keines mehr einfiel, das den Brunnen hätte bewachen können, meldete sich Schildkröte. Das Gelächter rollte wie Donner durch das Tal. Die Tiere lachten und lachten, bis ihre Stimmen ganz heiser waren. Sie lachten und wünschten sich, all ihre Ahnen wären anwesend, die Stimme von Schildkröte zu hören. Aber mangels besserer Ideen stimmten sie schließlich zu, Schildkröte es auch einmal versuchen zu lassen. ◆ Am Abend fanden sie Hase vor, der in eine Falle getappt war. Schildkröte hatte sich mit Wachs eingeschmiert, und als Hase sie sah, beschloß er, ihr erst einmal einen Tritt zu geben, ehe er Wasser trinken ging oder sogar ein Bad nahm. Er klebte fest und trat noch einmal, klebte noch mehr fest und schlug Schildkröte, klebte immer mehr fest, und schlug wieder zu, bis er sich gar nicht mehr bewegen konnte ... ◆ Die Ältesten des Landes schöpften ein weises Sprichwort aus dieser Erfahrung. »Ein Betrüger kann nur mit seinen eigenen Waffen geschlagen werden. Rennen bedeutet nicht anzukommen«, fuhren sie fort ... »Was sollen wir mit ihm anstellen?« beratschlagten die Tiere. Hase mischte sich hastig ein. Die Diskussion nahm nicht den richtigen Verlauf. Einige der Tiere meinten, er sollte gefressen werden, hier und jetzt. Andere sagten, man sollte ihn mit einem Stein um den Hals in den Brunnen werfen. »Nein nein nein nein«, rief Hase, »wenn ihr mich eine Nacht lang einsperrt, verspreche ich euch, morgen so groß wie eine Hyäne zu sein. Dann könnt ihr fressen, soviel ihr wollt.« Die Tiere sahen sich an. Die Vorstellung eines Hasen von der Größe einer Hyäne faszinierte sie. Warum auch nicht – jeder von ihnen würde ein kleines Stück richtigen Hasenfleisches bekommen. Man sperrte Hase ein, aber mitten in der Nacht hielt Hyäne es nicht mehr aus. Er stahl sich von den anderen Tieren davon und schlich in die Hütte, in der Hase festgehalten wurde. ◆ Als Hase das große Tier hereinschlüpfen sah, es war halb dunkel, huschte er durch dieselbe Öffnung hinaus. Natürlich vergaß Hase nicht, die Tür von außen zu schließen. Am Morgen gingen die Tiere in die Hütte, noch bevor der erste Hahn die Ankunft eines neuen

Menschliche Beziehungen stehen im Mittelpunkt afrikanischen Erlebens. Die schlimmste
Tragödie eines Afrikaners ist die Einsamkeit,
das Alleinsein ohne irgend jemanden, der sich
an einen erinnern wird.

Tages, eines neuen Lebens, angekündigt hatte. Und dort war Hase, in der Tat so groß wie eine Hyäne. Was war das für ein Fest! Sie rissen Hase in Stücke, störten sich nicht an seinem Gnadengewinsel, seinen vergeblichen Beteuerungen, er sei nicht Hase, er sei Hyäne … ◆ Dummheit schert sich nicht ums Alter, sagen die Shona. ◆ Die wilden Tiere geben der menschlichen Erfahrung Sinn. Bäume teilen ihr Leben mit den Menschen, indem sie deren Leben Bedeutung verleihen. Flüsse, Hügel, Täler, sie sind alle Teil der seelischen Landschaft, unserer Erfahrung. Die Perspektiven in diesem Buch sind die Wahrnehmungen eines Volkes, das das Leben durch jeden Anblick erfährt. Jene, die in der Nähe wilder Tiere leben, nähren sich von einer althergebrachten Diät intensiver Harmonie zwischen Mensch und Tier. Jene, die in der Nähe von Hügeln und Bergen leben, kennen die Sprache der Höhlen und Felsen, wissen ihr Schicksal durch die Stimmen dieser Elemente zu interpretieren. ◆ Nein, wir vergessen nicht die Beziehungen zwischen den Menschen. *Kunzi munhu vanhu* (Ein Mensch wird von anderen Mensch genannt), sagen die Ältesten. Menschliche Beziehungen stehen im Mittelpunkt afrikanischen Erlebens. Die schlimmste Tragödie eines Afrikaners ist die Einsamkeit, das Alleinsein ohne irgend jemanden, der sich an einen erinnern wird. Kinderlos zu sterben bedeutet, keine Spur zu hinterlassen. Geschichte ist Gedächtnis. Gedächtnis bis zum Tod.

Chenjerai Hove

Natürlich gibt es in dem Afrika südlich der Sahara tausende Völker und tausende Sprachen, eine kaum überschaubare Vielzahl von Kulturen. Die Vielfältigkeit einzufangen und zu begreifen war jahrzehntelang Thema einer Wissenschaft, der Ethnologie. Das Einende und Allgemeine kam dabei zu kurz, vielleicht weil man die Nähe zu den Pauschalurteilen derjenigen fürchtete, die Afrika nicht ernst nehmen. Viele afrikanische Künstler und Denker glauben an einen gemeinsamen kulturellen Nenner. Die Ältesten in diesem Buch sprechen gelegentlich von dem »Afrikaner«, von seiner Verbindung zu den Vorfahren, seinem Streben nach Harmonie und seiner Verschmelzung mit der Gemeinschaft. Die Hüter der Sonne sprechen vor allem über sich selbst, aber ein klein wenig vertreten sie auch den ganzen »schwarzen Kontinent«.   Ilija Trojanow

Die Zimbabwer haben, so wie alle anderen Afrikaner, ihre individuelle und soziale Philosophie aus den Beziehungen des
menschlichen Körpers zu anderen Körpern und zur Natur entwickelt. Leben bedeutet, mit anderen zusammenzuleben, und
auch mit den Tieren, Insekten und Pflanzen. Kräuter verkörpern
die Harmonie zwischen dem menschlichen Körper und dem
Körper einer Pflanze. Ein Tieren abgewonnenes Heilmittel teilt
die Kraft des Tieres mit dem Menschen, die Kraft des Lebens und
des Todes. Ein starker Mann reibt sich mit Löwenfett ein, damit
er an der Kraft eines Mensch-Löwen teilhaben kann. Wer ein langes Leben begehrt, reibt sich mit dem Fett eines Python ein. ◆ Die

Wir denken und handeln, als seien wir nicht Zeugen der Vergangenheit, nicht Akteure der Zukunft.

Persönlichkeiten in diesem Buch sprechen auf ihre eigene Weise über Spiritualität. Spiritualität ist nicht dem Menschlichen allein vorbehalten. Tiere, Pflanzen, Erde, Hügel, Bäume, Orte bilden Teile der menschlichen Spiritualität. Die Ältesten sprechen von Bäumen, die nicht als Feuerholz benutzt werden dürfen. Sie sprechen von Hügeln, deren heilige Gipfel nicht erklommen werden dürfen. Manche Vögel sind heilig, dürfen nicht getötet werden. Sonst wird der Regen ausbleiben. Manche Flüsse dürfen von den *chiefs* und Ältesten nicht überquert werden, sonst wird das Land kahl und kahler werden. Manche Tiere dürfen tot nicht erblickt werden. Sonst ... sonst ... sonst ...   Chenjerai Hove

Die Krankheiten unserer Zeit – Egoismus, Vereinsamung, Materialismus, Nord-Süd-Gefälle – scheinen sich als Fait accompli zu etablieren, im Hauptsatz benannt und im Nebensatz, mit Resignation oder Achselzucken, abgetan. Wir denken und handeln, als gäbe es für die Menschheit nur eine Geburt, als seien wir nicht Zeugen der Vergangenheit, nicht Akteure der Zukunft. Wir verstehen unsere Väter und Vorväter immer weniger, und mißverstehen damit auch uns selbst, unseren Instinkt. Unsere Erinnerung (die gelebte, nicht die akademische) leidet an Magersucht. Seit Anbeginn der Moderne beklagen, beschwören und besingen wir, daß die Natur und wir uns nicht mehr viel zu sagen haben. ◆ Die Worte der Ältesten in diesem Buch vermitteln etwas von der Kraft und dem Zauber einer Verwurzelung in der Natur. Sie führen uns in unsere Vergangenheit zurück. »Viele Menschen sind schwach«, sagt der Dichter Aimé Césaire, »weil sie nicht wissen, wie man zu Stein wird, zu Baum.« Wahrscheinlich werden die Europäer diese Fähigkeit nur mühsam wiedererlangen, aber sie könnten zumindest ihre Begrenztheit erkennen und etwas Demut lernen. Denn in den robotronisierten Welten, die wir gerade über den ganzen Globus spannen und vernetzen, ist die geistige Welt Afrikas einer der letzten Horte von Menschlichkeit.

Ilija Trojanow

Die Worte der Ältesten in diesem Buch ver-
mitteln etwas von der Kraft und dem Zauber
einer Verwurzelung in der Natur. Sie führen
uns in unsere Vergangenheit zurück.

Manche Stimmen auf diesen Seiten sprechen nostalgisch von der Vergangenheit. Andere sprechen hoffnungsvoll von einer Zukunft, die zu errichten ist, von der Harmonie zwischen Natur und Mensch, der Gemeinschaft des Himmels und der Erde, der regenbringenden Wolken und der Flüsse, die den Regen zu den endlosen Ländern des Wassers mitnehmen. ◆ Vergangenheit, Gegenwart und Zukunft verschmelzen miteinander im menschlichen Körper. *Mangwana ndinhase*, gestern wird heute geboren. Oder *kare haagari ari kare*, das Vergangene wird niemals vergangen bleiben. Zeit, Ereignisse, Geschichte, Gedächtnis. ◆ Die Absicht dieser Sammlung von Stimmen ist es, uns bei der Erinnerung zu helfen. Und zu helfen, daß diese Stimmen in Erinnerung bleiben. Vergessen zu werden bedeutet, zu verschwinden, zu sterben. ◆ Dieses Buch ist ein Erlebnis im Teilhaben von Visionen. Wenn ein einsamer Wanderer eine Vision hat, schreit er auf und versucht angsterfüllt zu entfliehen. Sie belastet das Herz des einzelnen. Wahrscheinlich teilen deshalb die Menschen, die eine Vision gehabt haben, den anderen von ihrem Erlebnis mit. Visionen müssen gemeinsam erlebt und ertragen werden. Visionen können zum Wahnsinn führen. Er hätte nicht sehen sollen, was er gesehen hat, sagen die Ältesten. ◆ Wir sind durch ganz Zimbabwe gereist, hörten von dem Sinn des Lebens aus den Mündern jener, die täglich über das Wesen des Lebens sprechen, ohne als Philosophen zitiert zu werden. Wir sind zu den Stimmen gefahren, die oft sterben, ohne gehört worden zu sein. Wir suchten nach dem Wesen, der Wurzel, dem Anfang, aus dem sich die Gestalt der Zukunft, bis zum Ende, formt.   Chenjerai Hove

BABA MHLANGA ◆ Mahenye

Seit Menschengedenken leben Bauern in der Umgebung des heutigen Gonarezhou-Wildreservats. Seit unzähligen Generationen wissen sie das Brüllen eines wütenden Löwen von dem eines glücklichen zu unterscheiden. Der Schöpfer hat es so gewollt, sagen die Bauern, wenn man sie nach der Gefahr befragt, in unmittelbarer Nähe wilder Tiere zu leben. *Sango idema* – der Wald ist ein geheimnisvoller Ort –, lehrt ein Shona-Sprichwort. Die Geheimnisse haben nach wie vor Bestand, wie auch die enge, respektvolle Beziehung der Menschen zu ihrer Umwelt. Obwohl Raubtiere regelmäßig Rinder und Ziegen reißen und manchmal auch ein Dorfbewohner verletzt oder gar getötet wird, besteht eine Einheit von Mensch und Tierwelt, begründet vor allem auf dem Einverständnis, daß die Dorfbewohner ohne Tiere keine Zukunft hätten. Zumindest keine, die sie sich aus ihrer heutigen Weltsicht heraus vorstellen können. ◆ Als die Einheimischen am Ende des Bürgerkriegs 1980 nach Mahenye zurückkehrten (die Bevölkerung war zwangsumgesiedelt worden), gab es kein Schulgebäude, erzählt der stellvertretende Rektor, Mr. Masango. Die Menschen mußten erst einmal die Tiere von ihren Feldern vertreiben. In den ersten Jahren unterrichtete Mr. Masango unter den Bäumen. Der abgeschabte Stamm eines *fomotsi*-Baumes diente ihm als Tafel; die Schüler kauerten zwischen Gräsern und Büschen und hefteten ihre Blicke auf diesen sehr alten Baum, der nicht nur von erfinderischen Lehrern, sondern auch von feinschmeckerischen Elefanten geliebt wird. ◆ Über Vorlieben

Chako ndechako,
kudya unosiya muto
Wenn du ißt, was deins ist, laß
etwas für die morgige Suppe übrig.

Shona-Sprichwort

dieser Art könnte Baba Mhlanga, angesehener Ältester und Schatzmeister eines wichtigen Entwicklungsprojektes, viel erzählen. Mit einem wehmütigen Blick sitzt er im Schatten eines Baumes, während seine Frau in der Nähe aus einem Berg von gelben Früchten die faulen aussortiert. Baba Mhlanga läßt seine Gedanken schweifen: »Ich wurde hier geboren, umgeben von wilden Tieren. Ich bin mit ihnen aufgewachsen, habe mein Leben mit ihnen geteilt. Ich wüßte nicht, wie wir fernab von ihnen überleben könnten. Tiere haben uns immer geholfen, und sie tun es noch heute. ◆ Wir haben schon immer Tiere gejagt. Ein Jäger ging in den Wald, um ein Tier für seine Familie zu töten. Die Tiere waren unsere Nahrung. Und seit jeher haben sie manchmal einen Menschen getötet. Sie haben ja nicht alle von uns getötet, und es kommt selten vor, daß sie jemanden töten. ◆ Wenn es doch einmal geschieht, nehmen wir das hin. Selbst beim Vieh, das wir halten, kommt es ja vor, daß ein Bulle dich angreift und tötet. Wenn wilde Tiere jemanden töten, nehmen wir das hin und sagen: Laßt euch nicht bekümmern, es ist unser Tier. Das fette Tier hat eine leuchtende Haut, weil es ein anderes Tier gefressen hat. Auch ich bin gesund, weil ich ein Tier gegessen habe. ◆ Wir müssen mit wilden und zahmen Tieren gleichermaßen zusammenleben, in Harmonie. Ihr Leben respektieren. Denn auch sie respektieren unser Leben. Der Schöpfer unseres Lebens ist auch der Schöpfer des Lebens wilder Tiere. Unsere Beziehung zu den Tieren wird von ein und demselben Schöpfer bestimmt. ◆ Unsere Vorfahren horchten auf das nächtliche Brüllen der Löwen. Wenn die Löwen in einer ganz bestimmten Weise brüllten, wußten die Vorfahren, daß sie am Morgen hinausgehen, ihre Köpfe in Dankbarkeit beugen und von der Beute des Löwen die Überreste nehmen konnten.

So lebten unsere Vorfahren mit den wilden Tieren, und sie haben diese Erfahrung an uns weitergegeben. Deshalb sind wir heute noch am Leben und danken ihnen dafür, daß sie uns gezeigt haben, wie wir sowohl mit wilden als auch mit zahmen Tieren zusammenleben können. ◆ Es gibt Menschen, die das Leben der wilden Tiere nicht verstehen oder es nicht achten. Sie kommen im Schutz der Nacht und töten unsere Tiere, manchmal illegal, manchmal mit Erlaubnis der Regierung. Töten viele Tiere und nehmen nur die Hörner der Elefanten mit und lassen das verrottende Fleisch zurück. So etwas haben uns die Vorfahren über das Verhältnis zu Tieren nicht gelehrt. Es ist so, als würde man den Bullen der eigenen Herde töten, seine Hörner nehmen und das Fleisch verrotten lassen. ◆ Zu Zeiten unserer Vorväter wurde mit Bedacht gejagt. Unsere Sitten und Bräuche ließen es nicht zu, mehr als man brauchte zu töten. Ein Mann mit einer großen Familie durfte vielleicht zwei Impala

Sango rinopa waneta

Der Wald gibt nur dem geduldigen Jäger.

Shona-Sprichwort

Kakarara kununa kudya kamwe

Das fette Tier hat eine leuchtende Haut,
weil es ein anderes Tier gefressen hat.

Shona-Sprichwort

erlegen. Nicht mehr. Um zwei Tiere zu erjagen, benötigte der Jäger einen Tag oder zwei. Er tötete eines, und die anderen rannten um ihr Leben. Er folgte ihnen, bis er ein zweites mit seinem Pfeil erlegen konnte, das war dann genug. Er dankte den Vorfahren und der Erde und kehrte nach Hause zurück. ◆ Unsere Vorfahren lehrten uns, daß man einen Elefanten nicht leicht töten kann. Selbst mit giftigen Pfeilen war der Versuch sinnlos, einen Elefanten zu töten. Wenn ein Jäger einen Elefanten sah, zog er es vor, eine andere Richtung einzuschlagen. Dasselbe galt für Büffel. Einige waghalsige Jäger töteten auch Büffel, aber es war nicht erlaubt. Die Stimmen der Vorfahren warnten – wenn man dieses gewaltige, furcht-einflößende Tier verwunde, könne es einen selbst töten oder andere, nichtsahnende Menschen. Reize nie ein gefährliches Tier! Löwen durften nicht gejagt werden. Nur der Löwe, der Menschen angefallen oder unsere Haustiere gerissen hat. ◆ Wenn du geerntet hattest, durftest du nicht zu essen beginnen, ohne den Vorfahren etwas beiseite zu legen. So war es auch bei der Jagd im Wald. Du nahmst eine Prise des herkömmlichen Schnupftabaks und reichtest sie den Vorfahren, indem du sie über die Erde verstreutest. So sagtest du den Eignern der Erde: Ich bin ein einfacher Durchreisender, der die Gesetze dieses Ortes nicht kennt oder versteht. Ich kenne die heiligen Plätze nicht. Wenn du dann im Wald übernachtet hast, warst du vor wilden Tieren sicher. Die Vorfahren beschützten dich. ◆ Wenn du ein wildes Tier erlegt hattest, durftest du es nicht einfach häuten und ein Stück Fleisch rösten. Zuerst mußtest du die

27

Vorfahren, denen die Tiere gehören, benachrichtigen. Du hast ein kleines Stück abgeschnitten, es geröstet, dich unter einen Baum gekauert und demütig zu deinen Vorfahren und den Vorfahren dieses Landes gesprochen. Du hast ein Stück in die Richtung der aufgehenden Sonne geworfen, eines in die Richtung, in der die Sonne zu ihrer Mutter zurückkehrt, und weitere nach Norden und Süden. So hast du die Erde mit deinem Respekt bedacht. ◆ Unsere wilden Tiere sind in Gefahr. Die Weißen kamen zur Jagd und töteten viele Tiere auf einmal.

Wenn Du gütig warst, hast du ein Stück Fleisch deinem Nachbarn überreicht. So lächelte dein Herz und das Herz deiner Vorfahren lächelte auch.

So jagen wir nicht. Unsere Pfeile könnten niemals die Tiere ausrotten. Das können nur die Leute mit Maschinengewehren. ◆ Unsere Vorfahren verboten den Handel mit dem Fleisch wilder Tiere. Wenn du ein wildes Tier getötet hast, war das ein Geschenk der Erde. Du hast das Tier nicht in deinem Gehege gehalten, wieso solltest du es dann verkaufen? Es war eine Gabe der Vorfahren und des Schöpfers. Wenn du gütig warst, hast du ein Stück Fleisch deinem Nachbarn überreicht. So lächelte dein Herz, und das Herz deiner Vorfahren lächelte auch, und du konntest an einem weiteren Tag erfolgreich jagen. ◆ Nun sagt uns die Regierung, wir sollten die Tiere schonen, nur diejenigen töten, die unsere Felder zerstören oder Menschen töten. Aber so war es schon immer! Jetzt töten wir vielleicht einen Elefanten, verkaufen ihn und bauen eine Schule. Das hilft jedem. Das Tier ist unser Tier. Wir sind nicht wie jene, die Tiere töten, um sie im Reservat zurückzulassen.« ◆ Kurz vor Sonnenuntergang verlassen wir die dichten Wälder von Mahenye. Chenjerai hebt einen ausgetrockneten Haufen Elefantenkot auf. »Es ist Medizin«, hatte ihm eine Frau an einem weit entfernten Ort gesagt. Medizin, die sie braucht. Medizin, die der Elefant seinem Nachbarn, dem Menschen, gibt.

AMBUYA MANDITSERA ◆
Zimunya Communal Lands

Die Zimunya Communal Lands sind eine Hügellandschaft, etwa 25 Kilometer südlich von Mutare gelegen. Hier werden die *chiefs* in Höhlen begraben, in den Schreinen der Vorfahren. ◆ Ambuya Manditsera ist das Gedächtnis dieser Landschaft und ihrer Bewohner. Sie spricht über den Schoß einer Frau wie über einen Schrein, wie auch die Höhlen in den Hügeln Schreine sind und nicht geschändet werden dürfen. Sie spricht über das Eingehen auf die Stimmen der Natur, über den Zorn und die Liebe der Mütter: »O ja, der Zorn einer Frau ist von Natur aus grenzenlos. Wenn du deine Mutter erzürnst, mußt du die Schwester deines Vaters holen, damit sie die Flammen löscht. Du sagst zu ihr, Tante, ich habe meine Mutter verärgert, was soll ich tun? Die Tante möchte wissen, warum ihr euch streitet. Du sagst ihr alles, und sie nennt dir das nötige Heilmittel, denn inzwischen wirst du gespürt haben, daß der Zorn einer Mutter keine Grenzen kennt. ◆ Die Tante wird ihre Brüder einladen, damit du dich mit deiner Mutter versöhnen kannst. Du schilderst ihnen das Problem und gestehst, daß du deine eigene Mutter verärgert hast. Du möchtest dich und sie befreien, denn Zorn ist ein Gefängnis. Man kann daraus nur entkommen, wenn man das Geschehene wiedergutmacht. ◆ Eine Mutter ist Liebe und Zorn. In ihr ist der Zorn und die Liebe des Kindergebärens. Sie kann ihren eigenen Schoß verfluchen: Warum hat

mir dieser Schoß solch ein Kind gegeben? So spricht sie zu sich
selbst. Vielleicht wird deine Tante deine Mutter überreden,
zuzuhören, wird sie bitten, die Last ihres Herzens mit ihr zu teilen. ◆ Wenn deine Mutter voller Zorn stirbt, ist das ein Zeichen
von Unheil. Weiblichkeit ist brennender Zorn. Liebe wird Zorn.
Alles brennt. Eine Mutter, die im Zorn über ihr Kind stirbt,
treibt dieses Kind in den Wahnsinn. Es wird in die Wildnis flie-
hen wie ein Tier. ◆ Eine Frau sollte nicht im Zorn sterben. Sie
stammt aus dem Schoß einer anderen Frau. Auch ihr Schoß hat
den Samen des Lebens genährt, dich, ihr Kind. Wenn dein
Vater wegen deines Vergehens dieses oder jenes von dir fordert,
besorge es. Wenn deine Mutter sagt, kaufe mir ein Stück Stoff,
weil deine Stimme die Stimme der Respektlosigkeit war, dann
mußt du es tun. Deine Eltern zu beleidigen ist ein großes
Vergehen. Es lastet schwer auf deinem Gewissen. ◆ Wenn ein
Sohn wortlos in die Fremde gezogen und nicht zurückgekehrt
war, nahm die Frau ein glühendes Holzscheit und rief die

Namen der Vorfahren an, während sie die Glutasche schürte. Ihr Zorn stieg auf mit den Funken und in den Worten schmerzlicher Trauer. Bald darauf kehrte der Sohn von allein zurück. Sein Geist und sein Herz hatten die Nachricht von dem Schmerz in dem Geist und dem Schoß seiner Mutter vernommen. ◆ Der Zorn einer Mutter ist der Zorn ihres Schoßes, in dem der Samen eines menschlichen Wesens zuerst genährt wurde. Der Schoß ist ein Schrein. Wenn du deine Mutter schlägst, mußt du dich auf eine Weise reinigen, die wir *kutanda botso* nennen. ◆ Das Ritual demütigt den Sünder vor den Augen des ganzen Landes. Der Mann läuft halbnackt durch das Dorf, nur in Fetzen gekleidet, von den Kindern gehänselt, eine Zielscheibe des Spottes überall. Manchmal trägt er nur zusammengebundene Blätter. Ein Mann, der seine Mutter schlägt, ist ein wildes Tier. ◆ Wenn deine Mutter im Zorn gestorben sein sollte, bleibst du zurück und wähnst dich außer Gefahr. Du heiratest, zwei oder drei Kinder werden dir geboren. Bald aber schleicht der Tod herein

wie ein Dieb. Ein Kind stirbt. Du sagst dir, ich habe noch andere. Dann noch eine Träne und eine weitere. Bis das letzte Kind
tot ist. In deinem Herzen spürst du die Geburt eines weiteren
Kindes. ◆ Wahrsager bringen Botschaften und Visionen an
deine Tür. Du bist nun ein Waise ohne Kinder und ohne Mutter,
so sprechen sie zu dir. Dein Leben ist verwaist, sagen sie. Und
alles nur, weil du deine Hand gegen deine Mutter erhoben hast.
Nur du selbst kannst dich reinigen. ◆ Dann sitzen die Ältesten mit
dir zusammen, lassen dich an ihren Worten teilhaben ... Wir
brauchen eine Ziege, und Bier aus Hirse, die du nicht aus deiner Kornkammer holen darfst, sondern die du von den
Menschen im ganzen Zimunya-Land erbetteln mußt. Wir brauchen auch ein Stück Stoff oder eine Decke. Du gehst von Heim
zu Heim, stets mit den Worten:

Ich habe den Schoß meiner Mutter beschämt,
meinen Arm gegen meine Mutter erhoben.
Und nun betrete ich euer Haus
als einer, der um Getreide bettelt.

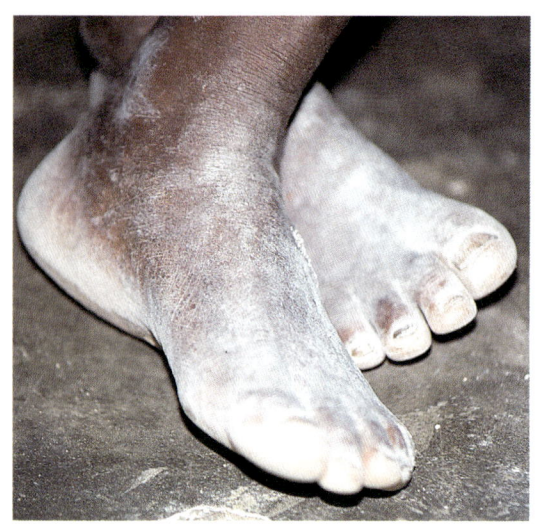

Nachdem du genug Getreide gesammelt hast, kann
das Bier gebraut werden. Wieder gehst du herum:

O, meine Väter,
o, meine Mütter,
o, ihr Onkel und Tanten,
das Getreide ist hier,
die Ziege ist hier,
der Stoff ist hier.
O, Mutter,
meine Weisheit war in
Dummheit verwandelt,
mein Wissen in Unwissenheit,
ich bete um Reinheit,
daß ich den Schoß ehre,
der mir Leben gab,
daß ich einen warmen
Herd haben kann,
mit Kindern in meinem Haus.
Denn voller Unwissenheit
habe ich gekränkt.

Jetzt wird das Bier gereicht. Am Leib trägst du noch die Fetzen. Du wirst wieder Mensch, der Geist deiner Mutter ruht wieder, ihr Zorn ist verflogen, die Flammen, die dich verschlangen, sind zu Flammen geworden, die dich in Liebe umarmen. Das Leben beginnt wieder. Zehn frohe Kinder in deinem Haus. ◆ Die Erde hat sich geändert. Heute kränken und beleidigen junge Männer und Frauen den Schoß, der ihnen Leben gegeben hat, an jedem Ort, an jedem Tag. Aber die Strafe ist schlimm: all die Verbrechen in diesem Land, in anderen Ländern. Menschen töten andere Menschen, damit sie Teile des Körpers für anderes Leben verwenden können. Wann hat es so etwas schon einmal gegeben? Mit dem Tod werden Geschäfte gemacht. Das ist die Strafe für die Mißbildungen unseres Lebens. ◆ Wir wußten, wie man die Stimmen der Lebenden und der Toten

aufsucht, wie man sie befragt und günstig stimmt. ◆ Die Bhe-jo-Brücke hier in der Nähe wurde erbaut, als ich ein Mädchen mit reifer Brust war. Die Weißen kamen und sagten den Bewohnern des Dorfes, daß sie eine Brücke bauen wollten, um nach Bocha gelangen zu können. Wir und die Bewohner von Bocha begannen zu bauen, mit riesigen Mengen an Baumaterial, Sand, Kieseln, alles was man braucht. Aber am nächsten Tag waren die Werkzeuge verschwunden. Und keine Spur von Dieben. ◆ König Zimunya und König Marange waren voller Unruhe. Dem *district commissioner* wurde der Vorfall berichtet, und auch er fragte sich, was das alles bedeutet. Die ganze Arbeit vom Vortag war wie nie geschehen. Der Fluß trieb dahin wie immer. Die Bäume standen am Ufer, als seien sie nie gefällt worden. Von den Arbeitern, die den ganzen Tag geschuftet hatten, fanden sich keine Fußspuren mehr. Dann entdeckten sie eine Wassernixe. Früh am Morgen breitete sie eine Schilfrohrmatte aus und fädelte Perlen in allen Farben auf. ◆ Wißt ihr nicht, daß ihr den Fluß um Erlaubnis fragen müßt, bevor ihr diese Brücke baut? sagte die Stimme des Wassers. ◆ Die *chiefs* und der *district commissioner*, ein weißer Mann, sahen ihren Fehler ein. Stoff und andere Geschenke wurden herbeigeschafft, um die Harmonie mit der Wasserwelt wiederherzustellen:

Ihr im Wasser,
in der Welt unter Wasser,
in allen Flüssen,
wir irrten.
Was wir nur wollten,
war ein Fußpfad über das Wasser,
damit die Kinder Zimunyas
und die Kinder Maranges
sich begrüßen können.

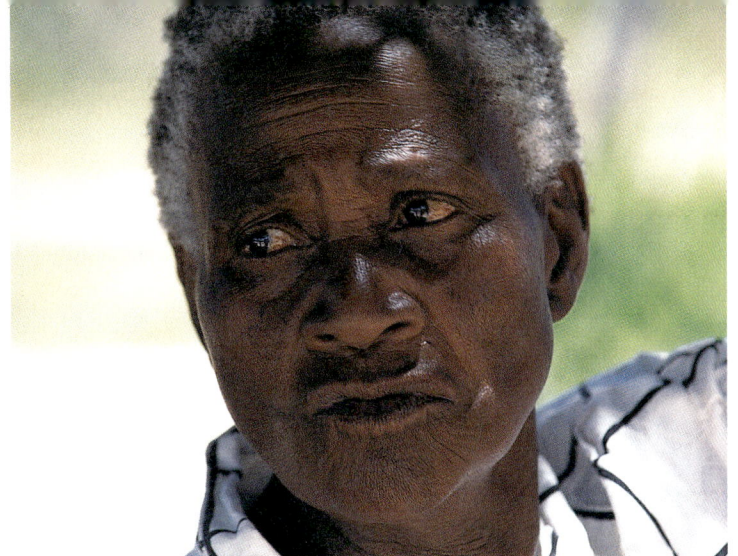

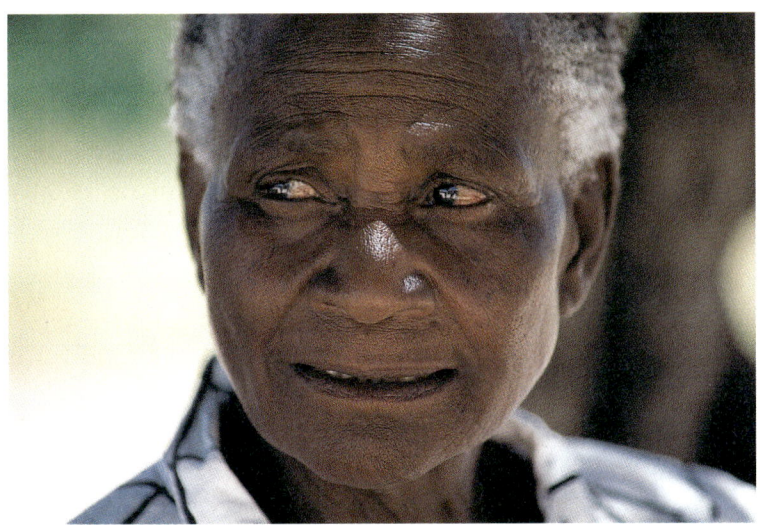

In den Tagen unseres Volkes bedeutete Königtum, den Stimmen der
Lebenden und der Toten gut zuhören zu können. Heute sind die
Stimmen tot. Denn niemand hört ihnen zu. Die Führer gehen über-
allhin, nur nicht zu ihren eigenen Leuten, um die Stimmen der
Toten, die Stimmen aus den Höhlen und den Flüssen, die Stimmen
aus den Tieren und den Vögeln zu vernehmen. ◆ Niemand weiß
mehr als diese Stimmen. Keine Schule kann uns unser Leben aus
Vergangenheit, Gegenwart und Zukunft lehren. ◆ Die Vorfahren
sind weise. Wir, die Lebenden, sind töricht. Das Land gehört nicht
euch. Die Erde gehört nicht uns. Die Welt gehört den Vorfahren, die
sie, zusammen mit Gott, erschaffen haben. Und uns wurde Respekt
und Stolz eingeflößt, angesichts der Vielfalt der Erdenwesen:
Menschen, Vögel, Tiere und Bäume.« ◆ Als wir Ambuya
Manditsera bitten, sie noch fotografieren zu dürfen, entschwindet
sie. Nach einigen Minuten kommt sie zurück, verwandelt in einen
schwarzweiß gemusterten, zwitschernden Vogel, der zwischen ern-
sten und humorvollen Gedanken hin- und herspringt. Sie streicht
sich kokett über die weißen Strähnen in ihrem Haar und grinst.
»Was soll man da machen«, sagt sie, und ihre Augen lachen mehr
als ihre Stimme. »Nicht mehr schön! Die alte Frau ist nicht mehr
schön.« Und der Gedanke hüpft weiter.

SUB-CHIEF CHIKWAKA ◆
Chikwaka-Area

Sub-chief Chikwaka ist so sehr mit Lachen und vergnüglichem Aushecken spitzbübischer Gedanken beschäftigt, daß er keine Zeit hat zu kränkeln. Allein ein leichter Diabetes setzt ihm zu, weshalb er – auf ein Getränk eingeladen – um eine Diätcola bittet. In dem wohlsortierten Laden, dem einzigen in der Umgebung, steht zwar ein batteriebetriebener Fernseher, vor dessen verschwommener Weltsicht sich abends das halbe Dorf versammelt, aber eine Diätproduktlinie ist noch nicht eingeführt. Der *sub-chief* begnügt sich mit einem Zitronengetränk. Auch bei den Keksen bewahrt er Disziplin – die von Chenjerai vorgeschlagenen lehnt er ab, die haben zuviel Creme! Er zieht die trockenen vor, die kaum Zucker und keinen Geschmack haben. ◆ Als wir am Vormittag seinen Hof aus einigen traditionellen strohbedeckten Rundbauten erreicht hatten, empfing uns nur seine Frau, mit einem zahnlosen Lächeln. Der Alte sei zu einer Versammlung der Regierungspartei ZANU gerufen worden. »Wißt ihr«, grinste sie schelmisch, »die rufen ihn ständig, weil er so viel weiß; die brauchen ihn!« Also hatte er sich

Man kann mich nicht John nennen oder
Luke oder mir andere christliche Namen
geben. Wenn man mich mit diesen fremden
Namen ruft, wenden die Vorfahren ihre
Blicke ab von mir.

Sind aber die Vorfahren eines Volkes voller Zorn, dann wird dieses Volk eine andere Sonne sehen müssen als jene, welche die Vorfahren gesehen haben.

mit dem Rad auf den Weg gemacht. ◆ Am Versammlungsort mußten wir warten, bis einer der lokalen Kandidaten für die bevorstehende Parlamentswahl ausgiebig gesprochen und den von Claqueuren angeheizten Applaus entgegengenommen hatte. Gleich darauf kam Chikwaka auf uns zu, mit roter Krawatte, schwarzem Sakko und bordeauxroten Schuhen englischen Stils, die Finger mit Schnupftabak zugange, sobald er das Fahrrad an einen Baum gelehnt hatte. ◆ Nun sitzen wir zusammen, Chikwaka zieht einige Prisen aus einem kleinen Horn und läßt seinen Verstand galoppieren... ◆ »Leider haben wir unser Verständnis der Welt aufgegeben und das Christentum angenommen, ohne es mit unserer Weltsicht zu vermengen. Durch das Christentum ging unser Verständnis vom Wesen des Menschseins verloren. Die Christen verstanden unsere Bräuche nicht, und wir nicht ihre. Dennoch haben es sich einige von uns leichtgemacht und den angestammten Boden und sein Menschsein verlassen. Denn unser Menschsein ist komplex, viel komplexer als das Christentum. Unseres kennt viele Verbote und Tabus. ◆ Man kann mich nicht John nennen oder Luke oder mir andere christliche Namen geben. Wenn man mich mit diesen fremden Namen ruft, wenden die Vorfahren ihre Blicke ab von mir. Sie erkennen mich in meiner neuen christlichen Identität nicht wieder. John und Luke sind keine Stimmen aus der Reihe der Vorfahren. ◆ Unsere politischen Führer haben das Land geschändet. Der Weg vor uns ist tot. Menschen vom selben Blut lehnen sich gegeneinander auf. Als die Widerstandskämpfer für unsere Freiheit stritten, verlangten sie stets die geistigen Führer zu sprechen, wenn sie an einen neuen Ort kamen. In diesem Teil des Landes wurde kein einziger Kämpfer getötet. Wir brachten sie zu den geistigen Führern des Landes; sie flüsterten der Erde zu und waren wieder mit den Vorfahren verbunden wie durch eine Nabelschnur. ◆ Als sie den Kampf um die Erde gewonnen hatten, kehrten sie da zur Erde und zu den Vorfahren zurück, um die Geschichte ihres Sieges zu erzählen? Zu danken bedeutet, sich Segen zu erwerben. Die Führer sind nicht zu den Vorfahren nach Great Zimbabwe gegangen, um zu sagen: Wir sind zutiefst dankbar, denn unser Land ist nun in unseren Händen. Aber wenn wir nicht mehr wissen, daß man zur Erde sprechen soll, was macht dann noch unsere Würde aus? Was ist dann der Kern unseres Menschseins? Die Vorfahren sind noch immer voller Zorn. Sind aber die Vorfahren eines Volkes voller Zorn, dann wird dieses Volk eine andere Sonne sehen müssen als jene, welche die Vorfahren gesehen haben. Unsere Vorfahren sind zornig. Sie betrachten uns jetzt als Kinder von Fremden. ◆ Seht ihr dieses Kind? Es wurde von einer rätselhaften Krankheit befallen und entging dreimal nur knapp dem Tod. Wissende kamen und sagten, dieses Kind sei ein Medium, eine Stimme der Vorfahren. Vielleicht ist es tatsächlich eine Stimme der Vorfahren. Dann wird es älter und weiser werden als wir. Es wird zu meinem Vater werden. Es wird aufwachsen und für mich sorgen oder für meine Verwandten. Wenn ich dieses Kind wegstoße, wer wird mir dann Leben geben? ◆ Unsere Väter und Mütter behandelten den kranken Körper eines Mannes anders als es jetzt geschieht. Sie führten ihm Kräuter zu, über eine der fünf Öffnungen: Nase, Mund, Penis, Anus und Ohren. Das sind die Ein- und Ausgänge, durch die Krankheit und Gesundheit kommen und gehen. Die wichtigsten Öffnungen des menschlichen Körpers sind Mund, Anus und Penis. Denn sie wachen über das menschliche Leben. Die Kräuter wurden vor allem über Mund und Anus eingeführt. So wurde der Betreffende geheilt. ◆ Was heute als Bequemlichkeit gilt, ist Tod. Ein Mann geht aufs Klo und kommt schon wenige Sekunden später wieder heraus! Früher hatten die Ältesten auch diese Angelegenheit im Auge. Sie sollte eine Weile dauern. Und das Ergebnis sollte fest sein; dann wußte man, daß der Körper unter Kontrolle war. Auch beim

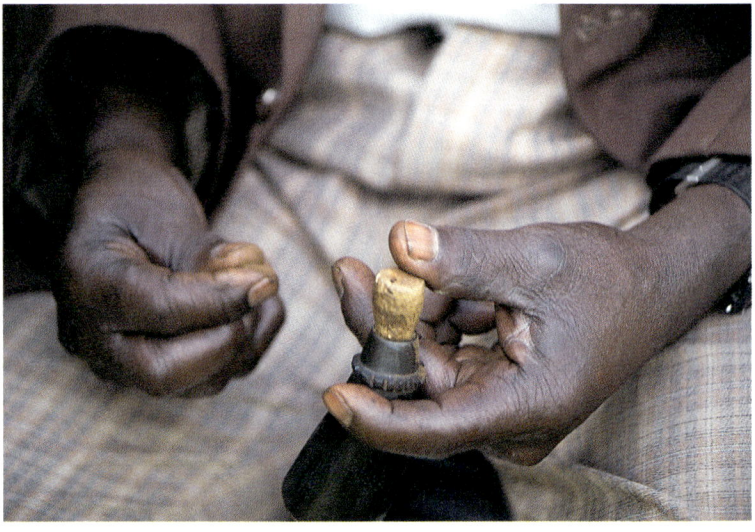

Unser Volk betrachtete das Verbrechen eines einzelnen als das Verbrechen einer Familie, einer Gemeinschaft. Die ganze Familie mußte Entschädigung leisten. Gemeinsame Schuld, gemeinsame Bestrafung.

Urinieren. Man sieht junge Menschen, deren Urin wie bei einer Dusche herausspritzt. Das deutet darauf hin, daß etwas lose ist. Der Urin muß als fester Strahl aus dem Körper kommen. Ein Mensch sollte nicht zehn Mal am Tag urinieren. Das bedeutet, daß sein Körper die Kontrolle über die Organe verliert. Es ist vor allem der maßlose Konsum von Alkohol, der zum Verlust der Kontrolle führt. Sex ist ein anderes Problem dieser Zeit. Durch zu häufigen Sex verliert der Körper bestimmte Flüssigkeiten. Das schwächt den Körper. ◆ Wenn ein Mensch geistig erkrankte, wenn sein Geist von fremden Mächten entführt wurde, flößte man ihm Kräuter ein. Der ungebärdige Geist begann dann vielleicht zu reden und den Grund seiner Krankheit zu offenbaren. Man glaubte, Wahnsinn würde von Personen verursacht, die mit Zorn im Herzen gestorben waren. Es gibt Menschen, die das Denken eines anderen verwirren können, aber sie werden stets dazu von dem Geist einer Person angestiftet, der Unrecht widerfahren ist, und der einer Hexe eingibt, den anderen zu quälen. Dann beginnt dieser andere, Blätter und Gras zu

*Trommeln? Trommeln zu schlagen,
wenn jemand krank ist, das ist
christlich. Unsere Vorväter ließen
es nicht zu.*

essen, zu einem Tier oder einem Ungetüm zu werden. Schuld
daran ist jemand aus der Reihe der Vorfahren. Andere
Ahnenstimmen unterrichten dann die Familie des Kranken von
dem Problem, von einem Verbrechen, das von einem ihrer
Mitglieder vor langer Zeit begangen wurde. Hauptsächlich ging
es um Mord. ◆ Heute müssen Mörder ins Gefängnis. Unser Volk
betrachtete das Verbrechen eines einzelnen als das Verbrechen
einer Familie, einer Gemeinschaft. Die ganze Familie mußte
Entschädigung leisten. Gemeinsame Schuld, gemeinsame
Bestrafung. Darum wollte jeder einzelne verhindern, daß ein
Mitglied seiner Familie ein Verbrechen beging. Bei Mord mußte
eine Frau ihre erstgeborene Tochter hergeben, ein Mann seinen
erstgeborenen Sohn. Damit war das Verbrechen gesühnt. Zwei
Familien sind miteinander versöhnt, eine Person ist von der
einen zur anderen Familie gekommen, der Streit um Leben bei-
gelegt. Ein neues Leben ist geschaffen, eine neue Beziehung. ◆
Trommeln? Trommeln zu schlagen, wenn jemand krank ist, das
ist christlich. Unsere Vorväter ließen es nicht zu. Mit Trommeln
wurden die Vorfahren angerufen und Feste begangen. Ein
Kranker kann mit Trommeln nicht geheilt werden. Neben
einem Kranken zu trommeln, heißt ihn zu behexen. Auch wenn
einige traditionelle Heiler dies mißachten, ist es nicht richtig.
Wenn man trommelt, bricht man das Herz des Kranken. ◆ Als
ich aufwuchs, wurden für Kranke Zelte aus Sträuchern fern von
ihrem Haus gebaut. Wenn ein Mann krank war, durfte keine
Frau in seine Nähe kommen. Wenn eine Frau krank war,
mußten die Männer sich fernhalten. Es war dann Sache der
Frauen, die Kranke zu heilen. Ihre Arbeit bestand darin, die
fünf Öffnungen zu beobachten und zu entscheiden, welche
Kräuter der Körper braucht.« ◆ Steif schwingt sich Chikwaka
auf sein Fahrrad und radelt gemächlich davon, die zehn Kilometer nach Hause, um mit seinen Ur- und Ururenkeln sowie
mit der Frau, mit der er seit 1918 verheiratet ist, das Abend-
essen einzunehmen.

SERIMA MISSION

Kurz bevor die Straße von Harare nach Masvingo aus der Hochebene Zimbabwes in das Middleveld hinabführt, biegt von ihr eine Piste nach Westen ab in Richtung *Serima Mission*. Kleine, unscheinbare Schilder zeigen den Weg durch das Buschland an, weit verstreut liegen große Rinderfarmen. Unser Ziel befindet sich etwa achtzig Kilometer nördlich der Steine Great Zimbabwes und ungefähr 300 Kilometer östlich der heiligen Stätten der Matopos. Hier, in einer unscheinbaren, weißgestrichenen Kirche, sind traditioneller und christlicher Glaube eine seltene Verbindung eingegangen. ◆ Gegründet wurde die Serima Mission von Pater Johannes Gröber, einem katholischen Schweizer Missionar, der in seiner Heimat Architektur studiert und eine Kunstgewerbeschule besucht hatte, ehe er sich der Verbreitung seines Glaubens widmete. 1948 wurde er beauftragt, im Serima-Reservat eine Missionsstation aufzubauen. Nachdem die Schule errichtet und der Lehrbetrieb in Gang gebracht war, regte Pater Gröber die Schüler an zu zeichnen, zu modellieren und zu schnitzen. Bereits die ersten ungelenken Versuche der Jugendlichen ließen ein ungewöhnlich großes schöpferisches Potential erkennen. Fasziniert von den geistigen Welten, die sich vor ihm auftaten, hatte Pater Gröber schon bald eine leuchtende Idee: Er würde das Innere der in Bau befindlichen Kirche von den Schülern gestalten lassen. Der Rahmen biblischer Charaktere und Geschichten wäre natürlich vorgegeben, aber Formgebung und Symbolik würde er den neugetauften Schülern überlassen. ◆ Pater Gröber versuchte, wie

Hier, in einer unscheinbaren, weißgestrichenen Kirche, sind traditioneller
und christlicher Glaube eine seltene
Verbindung eingegangen.

kaum ein anderer Missionar vor oder nach ihm, christliche und
traditionelle Formen miteinander verschmelzen zu lassen; nicht
nur respektierte er die Herkunft der Konvertiten, es war ihm
auch ein Anliegen, daß diese Wurzel für die Zukunft Früchte
trägt. Die Figuren – überwiegend Holzschnitzereien – tragen
afrikanische Gesichtszüge: Diese Heiligen würden sich auch
außerhalb der Kirche zu Hause fühlen. Die künstlerische
Intensität der Altäre, Taufbecken und Säulen, die Beseeltheit
des gesamten Innenraums zeugen von der Kraft der Harmonie
zwischen zwei Fremden, die beschlossen haben, Freunde zu
werden. ◆ Drei der aktivsten Schüler – Cornelius Sinyoro,
Gabriel Hatugari und Ernest Bhere – haben sich in der Folge zu
anerkannten Künstlern entwickelt.

MIKE MATSOSHA HOVE ◆
Bulawayo

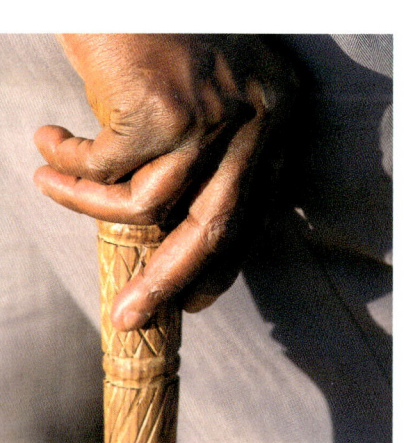

Frühmorgens marschiert Mike Matsosha Hove, verwundert über die Ausdauer unseres Schlafes, in das Zimmer und ruft: »Leute, wie wollt ihr sicherstellen, daß die Hexen zu Bett gegangen sind? Wie könnt ihr weniger fleißig sein als die Sonne?« Während des Frühstücks merken wir, daß seine Gedanken die Nächte durchwachen und dabei den Umtrieben der Hexen trotzen. M. M. Hove ist ein nüchterner Bewahrer der Tradition, ein Mann, der eine europäische Ausbildung erhalten und sich im Laufe seines langen Lebens das Einsichtige, Überzeugende und Schöne beider Kultursphären zu eigen gemacht hat. Er ist einige Jahre jünger als das Jahrhundert und ein Kosmopolit. Die Schulzeit verbrachte er zum Großteil in Südafrika. Mehrere Jahre unterrichtete er an Dorfschulen im Süden Zimbabwes, bis seine politischen Aktivitäten die Oberhand gewannen: Anfang der fünfziger Jahre arbeitete er als einer der ersten Schwarzen in der Sozialverwaltung von Bulawayo. Noch zu Kolonialzeiten wurde er zum Botschafter in Nigeria ernannt, wiederum der erste Einheimische auf einem solchen Posten. Nach einer langen diplomatischen Karriere siedelte er sich für einige Zeit in Australien an. ◆ Jetzt hat er sich mit seiner Frau auf eine kleine Farm zurückgezogen, empfängt Besucher und liest viel, im Liegestuhl auf der Veranda. Bei unserem Besuch beschäftigt er sich gerade mit der Kultur der Ureinwohner Nordamerikas, die ihm bei allen Unterschieden im Detail der afrikanischen verwandt erscheint. ◆ Wir fahren mit ihm in die Matopos-Hügel, in diese Gegend voller heiliger Orte, und steigen auf den *malindidzimu*. Er geht langsamen Schrittes, aber beharrlich. Unseren Vorschlag, besser umzukehren, weist er empört von sich. Oben angekommen – der wunderbare Ausblick inspirierte Kolo-

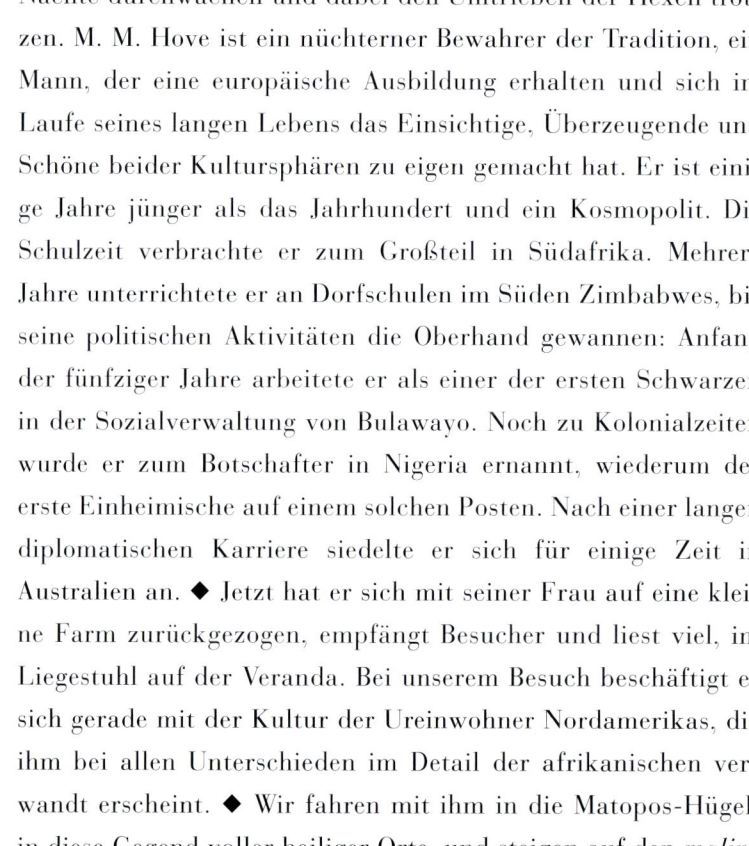

Die Menschen besaßen ein tieferes Wissen
über die Erde, eine geistige Landkarte jeder
Gegend, und dieses Wissen wurde von
Generation zu Generation weitergereicht.

nialisten zu dem Namen *World´s View* – vergehen nur wenige
Minuten des Verschnaufens, bis er alle anderen Besucher um
sich geschart hat. Die Diskussion, die er – gestützt auf einen
hölzernen Gehstock mit geschnitztem Knauf – mühelos
bestimmt, reicht von den Vorzügen französischer Kleinwagen
aus den sechziger Jahren über den Zusammenhang zwischen
Humor und Dialekt bei den Bewohnern von Yorkshire bis hin zu
der spirituellen Bedeutung dieses massiven Felsens, in den der
berühmt-berüchtigte Kolonialist Cecil Rhodes sein Grab hauen
ließ. ◆ Mike Hove erzählt fast den ganzen Tag hindurch; mit
den Jahren hat er einen großen Schatz an Gedanken und Erfahrungen angehäuft, und diesen mit anderen nicht zu teilen, emp-
fände er als selbstsüchtig. So hat er es auch in einem vor einem
Jahrzehnt erschienenen Buch geschrieben. Der Titel dieser
»Untersuchung traditioneller Glaubensformen anhand persönli-
cher Erfahrungen« lautet: *Geständnisse eines Hexenmeisters.* ◆
»In der afrikanischen Kultur durchtränkt das Religiöse jeden
Aspekt des Lebens. Wo die Menschen ihrem traditionellen
Glauben treu geblieben sind, hat es keine Zerstörung der Natur
gegeben. Mit der Erde hat Gott uns den einen Treffpunkt

geschenkt, wo Tote und Lebende einander begegnen. Seit jeher gab es Orte, die geistigen Zwecken vorbehalten waren. Es gab Berge, auf die niemand mit dem Finger zeigen durfte – er würde ihm sonst abgeschnitten. Bestimmte Orte beheimateten die Geisterwelt. Es gab Teiche und Flüsse, in denen niemand schwimmen durfte. Die Menschen besaßen ein tieferes Wissen über die Erde, eine geistige Landkarte jeder Gegend, und dieses Wissen wurde von Generation zu Generation weitergereicht. ◆ Eines vergessen die Afrikaner nie: die Welt der Geister. Wo immer du hingehst, die Geister der Vorfahren begleiten dich, in der Form eines Löwen oder etwas anderem. Dieser Löwe ist dein Schutzgeist, er fügt deinem Vieh und den Menschen deiner Umgebung keinen Schaden zu. Wo immer du dich hinbegibst, der Geist geht mit dir. Vielleicht kommst du durch einen Wald und stößt auf zwei kämpfende Kudubullen, die Hörner ineinander verschränkt. Die Welt der Geister legt dir auf, nur einen zu töten und den anderen am Leben zu lassen. Wenn du beide tötest, wirst nicht nur du bestraft, sondern die ganze Gemeinschaft. So wird jedes Mitglied der Gemeinschaft zu einem Hüter ihrer Regeln. ◆ Der Mensch ist nur Teil eines viel größeren Ganzen. Ich unterscheide mich nicht so sehr von der Antilope, die in unserem Wald weidet. Sie erhält sich am Leben so wie ich: Sie nutzt die Natur, das Wasser, das Gras und vieles

mehr. Vielleicht bin ich intelligenter als die Antilope, denn ich kann mich von ihr ernähren, sie sich aber nicht von mir, abgesehen davon, daß sie mein Getreide stiehlt. Die Europäer glauben, der Mensch sei dazu berufen, sich die Natur völlig zu unterwerfen. Wir Afrikaner denken anders. Wir haben uns die Natur nur teilweise unterworfen und sie nicht so verletzt, wie es jetzt geschieht. Nehmen wir zum Beispiel einen Löwen, der umherstreift und unser Vieh reißt. Wir werden ihn erlegen. Aber solange er da draußen friedlich lebt, lassen wir ihn in Ruhe. Die Reichtümer der Natur können von uns genutzt werden. Aber wir haben die moralische Pflicht, sie in ihrem Zustand zu belassen. Wenn du in einem Buschgebiet unterwegs bist, wirst du unzählige Fruchtbäume finden. Du wirst essen, soviel du mußt. Den Rest wirst du für diejenigen übriglassen, die nach dir kommen. Vielleicht nimmst du eine Kleinigkeit als Proviant mit, aber nicht mehr. Wenn du noch etwas für die Küche daheim pflückst, ist das eine andere Sache. Dann sammelst du für andere, für deine Familie. ◆ Nehmen wir einen wildwachsenden Fruchtbaum namens *mashoko*. Es gab riesige Wälder von diesem Baum mit unzähligen Früchten. Wißt ihr, wie all das verschwunden ist? 130 Kilometer von Bulawayo entfernt gab es einen Farmer, der die Stadt mit Gemüse versorgte. Das Gemüse wurde in Steigen transportiert. Wenn der Mashoko-Baum noch grün ist, läßt er sich leicht in Streifen spalten : So wurden die Steigen hergestellt. Eines Tages kehrte ich aus Harare heim und mußte sehen, daß der Großteil der Wälder abgeholzt worden war. ◆ Uns Afrikanern wird oft vorgeworfen, den Reichtum der Natur verschleudert zu haben. Aber das stimmt nicht. Nehmen wir zum Beispiel Bulawayo. Früher lebten dort viele Tiere. Wenn man jetzt nach Shawane kommt, sieht man nur noch kahle Hügel. Riesige Bäume gab es, Akazien und andere Hartholzbäume. Sie wurden geschlagen, weil das Holz für Minenschächte, für die Öfen und die Eisenbahnlinie benötigt wurde. Die meisten unserer Sprichwörter handeln von Tieren, von Vögeln und Bäumen. Worüber unterhalten wir uns schließlich? Über die Umwelt. Und welche Erfahrungen hätten wir ohne sie? Die Weisheit der Menschen stammt aus ihrer

Ich unterscheide mich nicht so sehr von der Antilope, die in unserem Wald weidet. Sie erhält sich am Leben so wie ich: Sie nutzt die Natur, das Wasser, das Gras und vieles mehr.

*Unser Glaube, unsere Vorstellung von den
Dingen bedarf stets einer Verkörperung.*

Die Weisheit der Menschen stammt aus ihrer
Umgebung. Wenn Natur dein unmittelbares
Erleben ist, kannst du nicht anders, als deine
Weisheit aus ihr abzuleiten.

Umgebung. Wenn Natur dein unmittelbares Erleben ist, kannst du nicht anders, als deine Weisheit aus ihr abzuleiten. ◆ Das Zeichen steht wahrscheinlich im Zentrum der afrikanischen Gemeinschaft. Wenn ich jemanden mit einer Botschaft losschicke, dann gebe ich ihm immer ein Zeichen meiner Verbindlichkeit mit. Es kann etwas ganz Unbedeutendes sein. Aber der Überbringer wird stets mit dem gleichen Respekt behandelt werden, der mir entgegengebracht würde, wenn ich selbst anwesend wäre. Unser Glaube, unsere Vorstellung von den Dingen bedarf stets einer Verkörperung. ◆ Der in einen geistigen Löwen verwandelte Löwe ist nicht mehr gefährlich. Daher sind Löwen nicht grundsätzlich schlecht; sie müssen nicht getötet werden, denn viele von ihnen tragen den Geist unserer Vorfahren in sich. Die Natur steht unter dem Schutz der Gemeinschaft der Lebenden und der Toten. Diese Gemeinschaft ist das Siegel des Schutzes. ◆ Die Katholiken ließen sich nicht von der Ansicht abbringen, es habe in Afrika keine Religion gegeben. Das hat mich schon immer gewundert. Gerade sie hätten doch begreifen müssen, daß die afrikanische Religion denselben Ursprung hat wie der Katholizismus. Denn auch bei ihnen kann man nicht direkt mit Gott reden, sondern muß den Weg über Christus, Maria oder einen Heiligen nehmen. Denn das ist die Rolle der Geister: Sie sind Mittler. Ich spreche mit meinem Vater, dem Menschen, der mehr Verständnis für mich hat als jeder andere. Er wiederum spricht mit seinem Vater, der ihn ebenso gut versteht, und so weiter, bis zum Anfang. Der erste Mensch eines bestimmten Geschlechts wird es dem Schöpfer vortragen. So hat jeder Mensch eine persönliche Verbindung zu Gott. ◆ Früher war es nicht üblich zu strafen. Um das Böse zu vertreiben, wurden nach einem Verbrechen verschiedene Zeremonien durchgeführt. Und in vielen mir bekannten Fällen hat das gewirkt. Es gab da einen jungen Mann, der viel Ärger machte, weil er ziemlich lange Finger hatte. Nachdem man ihn überführt und ihm ins Gewissen geredet hatte, wurde eine

Die Natur steht unter dem Schutz
der Gemeinschaft der Lebenden
und der Toten. Diese Gemeinschaft
ist das Siegel des Schutzes.

große Zeremonie abgehalten. Er mußte ein Mittel einnehmen, das ihn zwang, sich zu übergeben. Man erklärte ihm, dies werde seine Hand künftig davon abhalten, die Sachen anderer Leute einzustecken. Das war die zeichenhafte Seite der Angelegenheit. Das reinigende Mittel konnte etwas Harmloses sein, das man auch Kranken verabreicht. In ganz schlimmen Fällen jedoch wurde die Person ausgestoßen. Wer sich von den anderen entfernte, wurde schließlich zum Einzelgänger, und es gab nichts Schlimmeres als das. Das war eine wirksame Drohung. Gefängnisse waren nicht nötig, weil man nicht strafte. Man suchte nach einer Lösung, nach einer Nadel, um das zerrissene Tuch zu nähen. Wenn ein Mörder vor Gericht gestellt wurde, mußte er eine Frau präsentieren, die anstelle des Ermordeten wieder einen Menschen gebären konnte. Die Brücke über dem Fluß zwischen den Lebenden und den Toten mußte repariert werden. Harmonie zwischen hier und dort war von äußerster Wichtigkeit. Sobald böses Blut auf dieser Seite der Brücke entsteht, verweigern sich die Verstorbenen ihrer Pflicht zur Fürsprache. Also muß die Harmonie wiederhergestellt werden. Und wenn die Angehörigen des Ermordeten, überwältigt von ihren Gefühlen, sich an dem Mörder rächten, waren sie keine Unschuldigen mehr. Denn es gibt keine Rechtfertigung, einen Menschen zu töten. ◆ Höflichkeit ist der Schlüssel zu den Herzen der Menschen. Wenn du in eine unbekannte Gegend kommst und Hunger hast, wenn du einen fremden Ort erreichst und einer Frau begegnest, wirst du zu ihr sagen: Die Art, wie

Höflichkeit ist der Schlüssel zu den Herzen der Menschen. Höflichkeit ist auch der Schlüssel zum Wissen. Niemand wird dann mit seinem Rat geizen.

Frauen ihre Kinder gebären, ist überall gleich schmerzhaft und auszehrend. Das ist höflicher, als zu sagen: Ich habe Hunger. Und sie wird verstehen, was du meinst. Du erinnerst sie an den Schmerz, den sie für ihre Kinder erlitten hat. Und wen liebt sie mehr als ihre eigenen Kinder? Wenn sie sich in meine Mutter hineinversetzt, wird sie meine Mutter. Wenn sie irgend etwas in der Küche hat, wird sie gleich zu kochen beginnen. Jede Frau, die älter ist als ich, wird mich ›mein Sohn‹ nennen – das ist Höflichkeit. Das ist der Schlüssel zum Herzen jener Frau, von der du gerne Essen bekommen würdest. Und sie wird es dir geben. Ich habe das oft erlebt, und ich glaube, ich verdanke mein hohes Alter der Liebe der Menschen um mich herum. ◆ Ein Sprichwort lautet: Jedes Kind ist das Kind aller. Du brauchst mich nicht zu kennen, um meine Kinder zurechtzuweisen. Sie sind auch deine. Wenn Kinder sich aus dem Kreis ihrer Familie fortbegeben, bewegen sie sich in einen anderen Kreis hinein, zu anderen Eltern und Erwachsenen, die sie ebenso umsorgen und anleiten, wie es Vater und Mutter zu Hause tun. Ein Kind wird in dem Bewußtsein erzogen, daß man andere Kinder nicht stillschweigend Falsches tun läßt. Und wißt ihr, warum? Weil ihr unter den Folgen zu leiden haben werdet. Wenn diese Kinder verwahrlosen, werdet ihr davon betroffen sein. Wenn die Geister der Verstorbenen aufhören, sich für uns einzusetzen, können Dürren oder Unwetter über uns hereinbrechen. Jeder ist dafür verantwortlich, schlechtes Benehmen zu unterbinden. ◆ Höflichkeit ist auch der Schlüssel zum Wissen. Niemand wird dann mit seinem Rat geizen. Niemand wird zögern, deinen Wissensdurst zu löschen. ◆ Der vorbildliche Mensch lebt nicht für sich allein. Er ist stets Teil einer Gemeinschaft und achtet die Übereinkunft in ihr. Das *kinship*-System bedeutet, daß alle aus einer Generation Brüder und

Ein seelisch ausgeglichener Mensch
ist ein Mensch, der sich
seiner Segnungen bewußt ist.

Schwestern sind. Jeder aus der nächsten Generation ist ein Sohn oder eine Tochter. Das bestimmt auch das Verhältnis zwischen den Menschen: Es ist fürsorglich und respektvoll wie zwischen Eltern und Kindern. Dadurch entsteht ein umfassendes soziales Denken und Handeln. Die Weißen sind verrückt, nur die nahen Verwandten zu zählen. Wir stammen alle von einem Bullen ab. ◆ Als junger Lehrer unterrichtete ich in Masase. Eines Tages ging ich zum *chief* und sagte: *Chief*, ich bin in einer Schule groß geworden und deshalb nicht vertraut mit unseren Bräuchen. Ich bitte um Erlaubnis, bei Gericht anwesend sein zu dürfen. Er reagierte ungehalten, weil ich ihn um Erlaubnis gefragt hatte, und sagte: Das Gericht ist ebensosehr Ihres, wie es das meine ist. Es ist das Gericht der Gemeinschaft, und Sie sind ein Teil von ihr. Einfach als Mensch war ich befugt, in jede Verhandlung zu gehen und sogar mein Urteil zu fällen. Als alle Beweise gesammelt und die Kreuzverhöre beendet waren, sagte der *chief*: Mr. Hove, verkünden Sie bitte das Urteil – Sie sind der einzige, dessen Interessen von diesem Fall überhaupt nicht berührt werden. Ich gefror beinahe zu Eis. Ich sagte: Ich bin gekommen, um zu lernen. Genau das zeichnet Sie aus, antwortete er. Mr. Hove, sagen Sie einfach, was Sie für richtig halten. Jeder der Anwesenden wird Ihr Urteil in Frage stellen, wenn er es nicht teilt. Also gab ich mein Bestes. Wir sagen, ein Reisender fällt das beste Urteil. Er hat nichts zu verlieren und nichts zu gewinnen, er kennt nicht die Winkel und Ecken, die Ströme und Gegenströme in einer Gemeinschaft. ◆ Ein seelisch ausgeglichener Mensch ist ein Mensch, der sich seiner Segnungen bewußt ist. Er möchte gedeihen, und er weiß, daß die Kraft dazu in ihm selbst steckt. Er ist einerseits nicht zufrieden mit dem, was er erreicht hat, und doch ist er andererseits nicht unzufrieden; er ist dankbar für das, was er hat. Er weiß, daß er gesegnet ist. Glück entspringt einer Einstellung, die sagt: Heute ist es mir schlecht ergangen, morgen wird es besser werden. Die Ndebele sagen: Hoffnung bringt niemanden um. Wir leben durch Hoffnung. Ich bin in der dunkelsten Nacht unterwegs und sehe den Weg nicht. Aber ich hoffe, daß ich ihn finde, und ich finde ihn auch, mit meinen Füßen, selbst wenn ich Schuhe trage. Ich sage nicht, ich könnte auf giftige Schlangen treten, die mich beißen, oder auf Menschen stoßen, die mich überfallen. Sich seiner Segnungen bewußt zu sein, erzeugt und erhält Glück, aber natürlich ist es kein wahres Glück, wenn man es nicht an andere weiterreicht. Man muß sein Glück teilen. ◆ Es gibt viele verschiedene Auffassungen über das Wesen des

Tabus lehren Demut. Sie vermitteln dem Menschen, daß er Teil eines unendlichen Ganzen ist.

Tabus. Manche halten es für Aberglaube oder für eine primiti-
ve Sichtweise. Tabus sind aber genau besehen Aufforderungen
zur Enthaltung. Ihr Wert liegt darin, die Welt in ihrer Ordnung
zu bewahren, Harmonie aufrechtzuerhalten. Tabus lehren
Demut. Sie vermitteln dem Menschen, daß er Teil eines unendlichen Ganzen ist. Für jeden von uns ist ein bestimmtes Tier
tabu. Man ißt es nicht, man respektiert es, weil es das Eigene in
der Natur vertritt. Im Fall der Hoves ist es der Fisch [Hove
bedeutet auf Shona ›Fisch‹, Anm. d. Übersetzers] – wir rühren
ihn nicht an. Daß wir keinen Fisch essen, obwohl er vielleicht
ausgezeichnet schmeckt, dient der Disziplin. Sie erzwingt den
nötigen Respekt, denn jeder hält eines Tages inne und denkt
darüber nach, wer er ist, welche Bedeutung er hat, wo er im
Ganzen steht. Das Tabu wird dann seine Einstellung zu sich
selbst und zur Schöpfung um ihn herum beeinflussen. Das ist
kein Aberglaube, es ist ein Mittel, das Gleichgewicht der Natur
durch Respekt zu erhalten. ◆ Die Rolle der afrikanischen Frau
wird oft mißverstanden. Was unsere Frauenrechtlerinnen heute
verlangen, kommt letztlich der Forderung gleich, wie ihre
Vormütter behandelt zu werden. Früher war ein Mann erfolgreich wegen seiner Frau. Wenn er vorankam, so deshalb, weil er
sich mit seiner Frau beriet. Tut er das nicht, kann er vielleicht
heute reich ernten, aber morgen wird er mit leeren Händen
dastehen. Denn es ist seine Frau, die ihm sagt: Unser

Kornvorrat geht zu Ende. Dann unternimmt er etwas. Im Gegensatz zu heute kam es kaum vor, daß ein Mann seine Frau schlug. Wenn du deine Frau in dem Kral deines Vaters schlugst, hast du nicht nur deine Frau, sondern auch deinen Vater und deine Mutter geschlagen. Du sollst deine Eltern achten und nur Gutes vor ihren Augen tun. Dein Vater sagte dann: Tu das nicht, sprich mit ihr. Heute wird das Dialog genannt – es ist nichts Neues und es stammt auch nicht aus Europa. Es kommt aus der Erde, auf der wir leben. Jetzt, in diesem Augenblick, da ihr beide hier seid, tut mein kleiner Enkel vielleicht etwas Fürchterliches, aber ich darf ihn nicht schlagen, solange ihr im Haus seid. Das zu tun, hieße zu sagen: Verschwindet von hier, ihr seid zu lange geblieben. Es gibt ein Sprichwort: Wenn du einen Mann siehst, der seine Frau schlägt, siehst du einen Feigling. Und wenn dein Kind zum Jugendlichen heranreift, darfst du es überhaupt nicht schlagen. Du mußt reden, beraten, führen, empfehlen. Du mußt Gedanken mit ihm austauschen. Wenn du deine Hand hebst, könnte in der Hitze des Gefechts dein Kind zurückschlagen, und das wäre das Allerschlimmste. Das würde die ganze Beziehung durcheinanderbringen. Also benutzt du nicht mehr den Stock, dein Mund wird zu deinem Stock. Nur sehr törichte Eltern würden diese Regel mißachten. Indem du jemanden schlägst, kannst du nichts geradebiegen; du kannst nur das Schlechte verschlimmern.« ◆ Wir verabschieden uns im Sitzen, wie es Sitte ist. Mike Hove ruft seine Frau. Sie hört ihn nicht. »Ihre Ohren haben sich so sehr an meine Stimme gewöhnt, daß sie sie gar nicht mehr wahrnimmt.« Wir versprechen, ihm sofort nach Erscheinen des Buches ein Exemplar zu schicken. Er nickt und sagt: »Ich hoffe, ich bin dann noch da. Denn ihr wißt ja, zwischen dem Hier und dem Dort gibt es keinen Postdienst.«

CHIEF NDIWENI ◆
Matabeleland

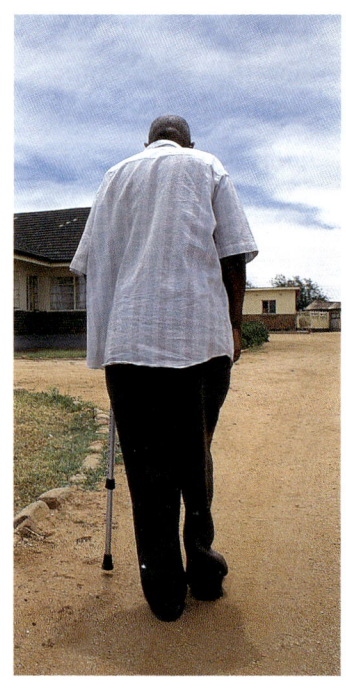

Das Land um Kaisa Ndiwenis Haus herum ist kahl. Die Hügel gähnen vor Erschöpfung. Man kann in dieser Gegend fast nicht von Vegetation sprechen. Alles ist vor Jahren abgestorben, versunken in das Schweigen der Zeit. Auch Kaisa Ndiweni, *paramount-chief* des Ntabazinduna-Gebietes – des Hügels der Könige – östlich der modernen Stadt Bulawayo, scheint voller Schmerz zu sein, wie alles um ihn herum. Selbst Vögel und Tiere haben das Land verlassen in den vielen Jahren der Dürre. Einzig der braune Staub erzählt den Füßen, daß dieser Boden einst lebendig war. Alles andere wiederholt nur die Klage vom Elend der kahlen Erde und des einsamen Himmels. ◆ 78 Jahre alt und gebrechlich, beklagt *chief* Ndiweni die verlorene Würde seines Volkes, den Tod des Geistes, der früher von der Einheit zwischen ihm und seinen Mitmenschen sprach. Da war das Land noch fruchtbar, und die Menschen lebten in Gemeinschaft mit den Vorfahren und den Göttern... ◆ »Die Landfrage bereitet den Menschen in diesem Land viele schlaflose Nächte. Wir haben Ehrfurcht vor der Erde. Denn nicht wir haben sie erschaffen: Sie ist das Werk der Götter, der Schöpfer von allem. Früher war es undenkbar, ein Stück Land zu verkaufen. Die Erde wurde für alle Menschen erschaffen. Nun sagen sie, wenn sie von den Schulen kommen, Land müsse käuflich sein. Wenn aber Land gekauft werden kann, können einzelne Menschen Geschäfte mit etwas machen, das für alle erschaffen worden ist. Als die Weißen in unser Land kamen, stellten sie fest, daß sich die Menschen frei niederließen. Also siedelten auch sie sich an, wo immer sie wollten. Aber im Lauf der Zeit warfen die Weißen ein Auge auf bestimmte Gebiete und erklärten sie zu ihrem

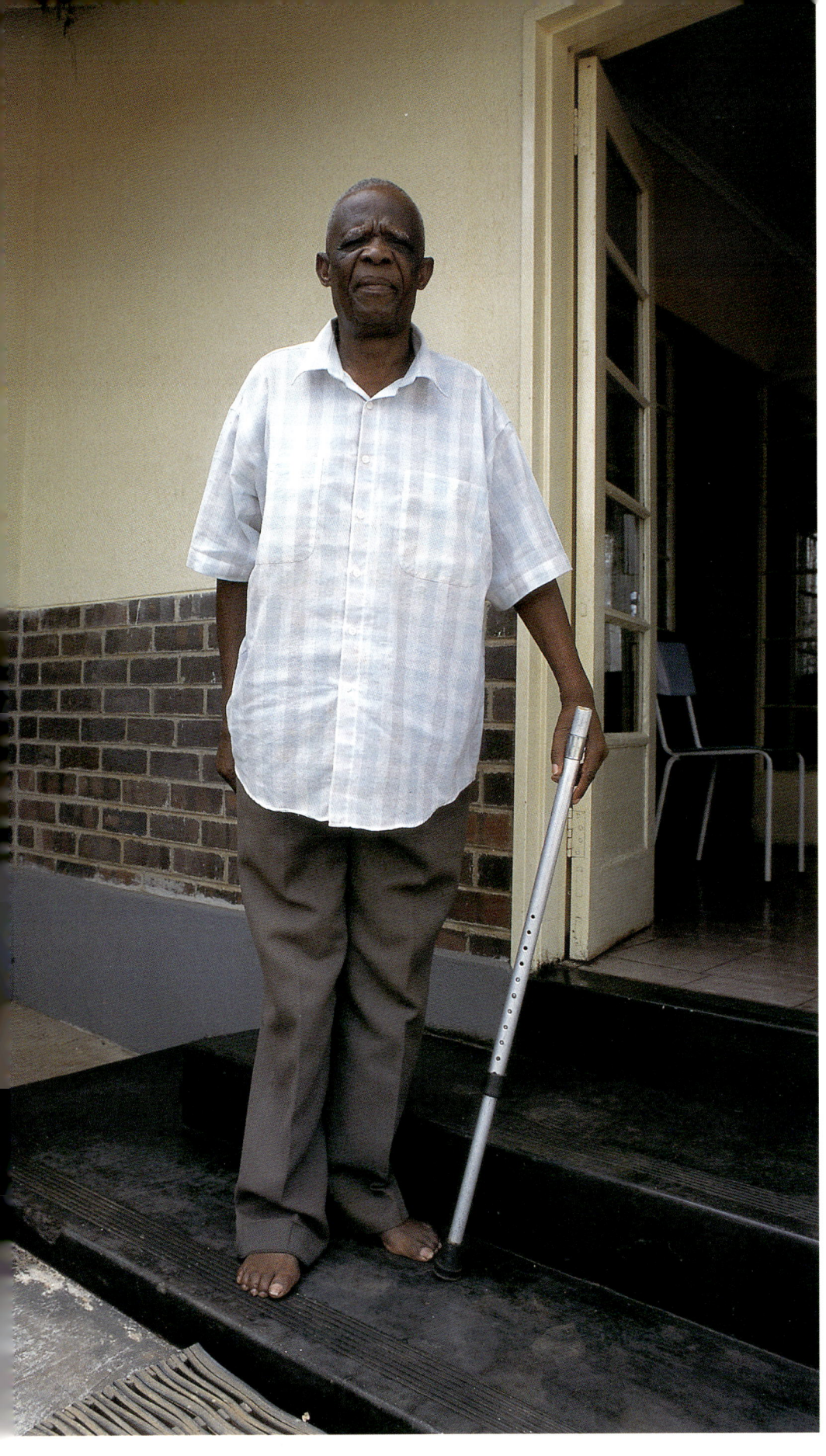

Besitz. Sie zogen Zäune um Land, das nie gekauft worden war, und nannten es ihr eigen. In dieser Gegend haben wir früher Häuser und Felder nur eingezäunt, um sie vor wilden Tieren zu schützen. ◆ Es ist alles eine Frage des Geldes. Wer Geld hat, kann Land kaufen. Aber wo sollen die Menschen leben, die kein Geld haben? Das ist ein sehr großes Problem. Es tut weh, das eigene Geburtsrecht kaufen zu müssen. Die Menschen stehen sich gegenseitig auf den Füßen, beengt, weil sie kein Geld haben. ◆ Diese Erde gehört den schwarzen Menschen. Das bedeutet aber nicht: Die Weißen müssen das Land verlassen. Wir müssen das Land nur gerechter verteilen und nicht ein riesiges Stück einem einzelnen überlassen. Landlosigkeit zerstört uns, den Kern unserer Persönlichkeit. ◆ Wenn wir nicht glücklich sind, sind es die Toten auch nicht. Wenn Menschen verhungern, wenn ihnen der Platz fehlt, um Vieh zu halten, wenn sie nirgendwo pflügen können, sind die Geister des Landes, die Geister unserer Vorfahren traurig. Es regnet nicht mehr, und unheilbare Krankheiten breiten sich aus. Mit diesem Land

Nun sagen sie, wenn sie von den Schulen kommen, Land müsse käuflich sein. Wenn aber Land gekauft werden kann, können einzelne Menschen Geschäfte mit etwas machen, das für alle erschaffen worden ist.

stimmt etwas nicht. ◆ Früher wurden Gott und den Vorfahren zur Ehre Tiere geopfert. Man schlachtete Hühner für Kinder, Ziegen für Erwachsene, Rinder bei bestimmten Ritualen und Feiern. Heute aber fehlt das Vieh: So kann den Vorfahren nicht die gebührende Achtung erwiesen werden. ◆ Der christliche Gott ist geringer als unserer. Man sagt von ihm, er lasse die Menschen ewig in der Hölle schmoren. Er ist geringer, weil unser Gott uns lehrte, daß es zwischen zwei Menschen nichts Böses gibt, das nicht vergeben werden könnte. Unser Gott sagte, wenn zwei Brüder sich streiten, wird die Zeit kommen, zu vergeben und zu vergessen. Solange zwei Brüder im Streit miteinander lagen, konnten die anderen Familienrituale nicht stattfinden. Brüder mußten sich vertragen. Sie gaben sich gegenseitig Asche zu essen, die ohne Wasser geschluckt werden mußte. So wurden sie zu neuen Menschen in erneuerter Harmonie. ◆ Die Menschen sterben wie die Fliegen. Sie sterben an Krankheiten, die niemand kennt und niemand heilen kann. Früher gab es gegen jede Krankheit ein Mittel. Wir kannten die Kräuter, die die verschiedenen Krankheiten heilten. Nun sind die meisten Bäume und Büsche verschwunden. Wir fahren in die Stadt, um Tabletten zu kaufen, aber wir wissen nicht, aus welchem Baum sie gewonnen wurden. Unsere Ältesten waren heilkundig; sie konnten die richtigen Kräuter aussuchen und anwenden. Es ist traurig, daß ich euch nicht eine Pflanze zeigen kann, die euch nützlich sein kann. Die wenigen Bäume, die übriggeblieben sind, befinden sich auf den umzäunten Farmen.

Sie gehören jenen, die von der neuen Gier befallen sind, Land zu besitzen. Die Ndebele gingen sehr bewußt mit Bäumen um. Einen Baum leichtfertig zu fällen, der für den Hausbau benötigt wird, ist eine indirekte Mißachtung anderer Menschen: Denn sie wollen sich vielleicht ein Heim errichten. ◆ Jeder Mensch ist eine Schöpfung Gottes. Darum sollten wir alle zusammenleben können. Unsere Könige waren mitfühlend. Sie versuchten, das Glück aller zu ermöglichen. Ein Hungernder war eine Schande für jedes Königreich. Ein Reisender bekam so viel zu essen, wie er wollte. Man sagte, ein Reisender hat noch nie eine Kornkammer geleert. ◆ Heute gehen die Führer nicht einmal hinaus, um den Menschen zuzuhören und etwas von ihrem Leben zu erfahren. Die Regierung steht in keiner Tradition. Früher hatten die *chiefs* die Macht, das Leben der Menschen zu verbessern. Sie schickten sie in Dürrezeiten in Gebiete, in denen es einen Überschuß an Nahrung gab. Unsere Vorfahren glaubten an unseren Gott. Sie wußten, daß man nur dann seine persönliche Würde wahren kann, wenn man genug zum Leben hat. Darum sorgten die Menschen füreinander. Wenn ein Nachbar Not litt, war es seinem Nächsten selbstverständlich, ihm eine Kuh zu leihen, anstatt sie zu verkaufen, damit auch die andere

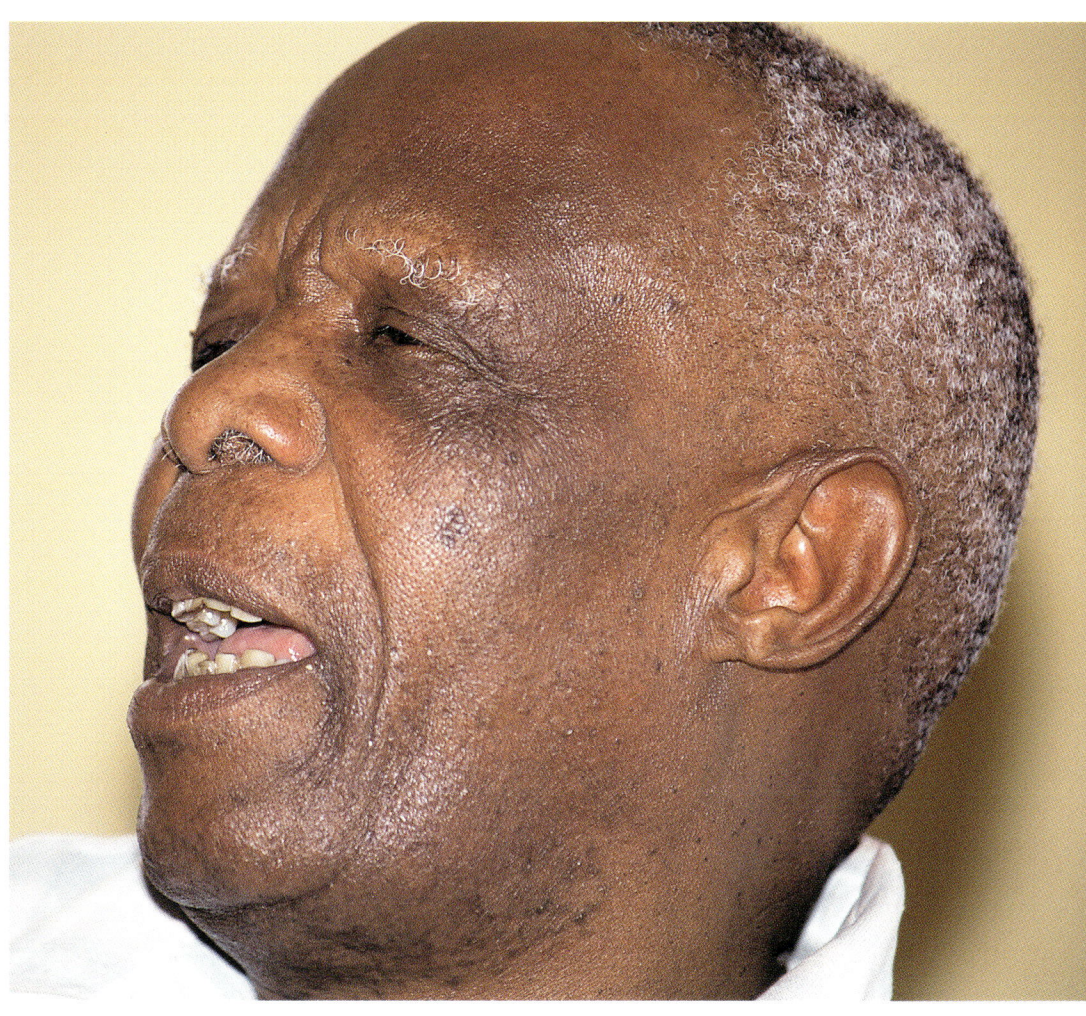

Familie genug zu essen hatte. Mußte das ausgeliehene Tier
geschlachtet werden, teilten sich der Besitzer und derjenige, der
es gehütet hatte, das Fleisch zu gleichen Teilen, als hätte es beiden gehört. So kamen sich die Menschen näher. Sie lernten,
mitzufühlen und füreinander einzustehen. Denn was nützt es,
als einziger im Dorf einen vollen Bauch zu haben? ◆ Unsere
Führer sehen das alles, aber sie geben vor, es nicht zu sehen. Sie
schließen ihre Augen und tun nichts für das verhungernde
Kind, für die alte Frau, die vor Hunger ihre Selbstachtung verloren hat, für den Vater, der vor Scham vergeht, weil er nicht
für seine Kinder sorgen kann. ◆ Ein guter Führer fühlt mit den
Menschen. In Zeiten des Mangels ernährt er die anderen mit.
Ein guter Führer interessiert sich unablässig für das Leben der
Gemeinschaft. Er identifiziert sich mit den Menschen. Wenn
jemand stirbt, trauert er mit. Wenn die Menschen glücklich

sind, ist er es auch. Ein guter Führer sorgt sich demütig um das Glück seines Volkes. Demütig hört er zu, selbst dem ärmsten Menschen in seinem Reich. ◆ Meine Augen sind schwach, ich weiß nicht – ob es wohl mit dem Alter zusammenhängt?« Der knapp Achtzigjährige lächelt und führt uns aus seinem geräumigen Haus mit gelbem Anstrich, das auf einer kleinen Anhöhe liegt. Seinen Vornamen erhielt er, weil bei seiner Geburt Wilhelm II. im fernen Europa ein mächtiger *chief* war. Die Namensgebung diente der zeitlichen Orientierung, zugleich beschwört jeder Name die Kraft des Beschworenen, im Falle von Kaisa Ndiweni die des letzten deutschen Kaisers. ◆ »Die heutigen Führer sagen, wir müssen vorwärtsgehen. Aber ist es denn richtig, den falschen Weg vorwärtszugehen? Ist es nicht besser, innezuhalten, eine Zeitlang zu rasten und nachzudenken?« Name ist Verpflichtung. Über richtige Führung scheint *chief* Ndiweni unablässig nachzudenken. ◆ Ein junges Mädchen kommt angelaufen, zieht an seiner Hand. Sie möchte mit ihm reden. Es wird Zeit für uns weiterzufahren. Langsam entfernt sich Kaisa Ndiweni, geht über das kahle Land und hört sich die Sorgen seiner Enkelin an.

Unsere Vorfahren wußten, daß man nur dann seine persönliche Würde wahren kann, wenn man genug zum Leben hat. Darum sorgten die Menschen füreinander. Denn was nützt es, als einziger im Dorf einen vollen Bauch zu haben?

A IDEN TEVERA MANWA ◆
Great Zimbabwe

Aiden Tevera Manwa ist Hüter des Geistes von Great
Zimbabwe. einem Heiligtum. dessen Geschichte auch die
Geschichte der Überlieferung des Landes in sich trägt. Der
Siebzigjährige hat die geheimnisvollen Stimmen gehört. die aus
den Steinen der heiligen Stätte sprechen. Auch seine Augen sind
seltsame Erscheinungen gewöhnt. Und er betet in Stille. Wenn
ihn die innere Stimme der Steine ruft. geht er nachts durch das
Heiligtum. allein mit den Visionen und der beruhigenden
Botschaft aus der Tiefe. ◆ Am Nachmittag des ersten regneri-
schen Tages seit Wochen treffen wir ihn in seinem auf einer
kleinen Erhebung gelegenen Haus. Wir werden von einer statt-
lichen alten Frau begrüßt. deren Gutmütigkeit so wohltut wie
der warme Regen. Dann schütteln wir die Hand eines jung wir-
kenden Mannes in grünem Overall. Er besteht darauf. uns
zuerst seine Werkstatt zu zeigen. jedes Werkzeug und jedes
Gerät zu erklären. seine Geschichte zu erzählen: Lötkolben.
Batterieladegeräte. Pflüge. Sägen. Motoren. zerlegt in größere
und kleinere Teile. frisch geölt oder angestaubt. auch einige
neuere Geräte. die er vor kurzem in Nigeria gekauft hat. Dann
erst nehmen wir in seinem Wohnzimmer Platz. das mit einem
mannshohen Kühlschrank. einem riesigen Kassettenrekorder.
zwei Fernsehern und den obligaten schweren bürgerlichen
Möbeln eingerichtet ist. ◆ Die Gegend um Great Zimbabwe
wird Nemanwa genannt. das Gebiet des Manwa-Volkes. Aiden
Tevera ist ein *chief* und *spirit medium*. Es braucht Zeit und
Überredung. bis er über die Botschaften zu sprechen beginnt.
die die Steine der Vorfahren überbringen: »Worte schmerzen«.
sagt er. ◆ »Die Steine sind Heime. Die sie erbauten. sind nun
unsichtbar. Es waren die Heime und Schreine von Menschen
unseres Blutes. von Menschen. die mit unserer Zunge sprachen.

Die Shona-Sprache, die wir heute sprechen, wurde schon in diesen Höhlen gesprochen, von jenen, die sie bewohnten. ◆ Als die Erde noch zu ihren Kindern sprechen konnte, wurden die Ältesten in Höhlen begraben, in den Hügeln. Schon immer hielten sich die Geister unserer Väter in Steinen auf. Stein ist Heimat. Stein ist Leben, das Leben der Lebenden und das Leben der Toten. ◆ Der Name der Stätte ist *Dzimba Dzemabwe*: die Häuser aus Stein. In Kurzform heißt sie Zimbabwe. In einigen anderen Sprachen kann man den Namen nicht auf unsere Art aussprechen. Zungen sind verschieden. ◆ Zimbabwe ist nicht ein Schrein der Masvingo-Gegend. Dieser Schrein gehört dem ganzen Land, ganz Afrika. Die *spirit mediums*, unsere Vorfahren, hatten Verbindung mit Vorfahren in Schreinen in Tanganyika. *Spirit mediums* verschwanden in Tanganyika und tauchten in Zimbabwe auf. ◆ Viele Menschen wundern sich, wo die Steine herkamen, mit denen die Mauern des Schreins von Zimbabwe gebaut wurden. Das Schlüsselwort ist *mashiripiti* oder *manenji*. Wunder oder Mysterien. ◆ Es gibt manche, die glauben, diese Mauern seien von Menschenhand errichtet worden, von Händen aus Fleisch und Blut. Menschliche Wesen, die diese Mauern errichten! Nein, das ist nicht wahr. Göttliche und menschliche Kraft mußten zusammenwirken, um diese Mauern zu errichten. Durch das Wunder dieser Einheit sind sie entstanden. *Mwari*, Gott, nahm den Herzen und Köpfen der Menschen die Angst vor der Höhe. Gott wollte zeigen, daß er menschliche Wesen dazu bringen kann, Werke zu schaffen, die von anderen nicht vollbracht werden können. ◆ Great Zimbabwe war ein heiliger Ort. Er hielt vielerlei Gerätschaften bereit: Werkzeuge zum Pflügen, Äxte, Pfeile und Bögen für die Jagd, Speere zum Führen von Kriegen. Als einzige Regel galt, daß diese Geräte die Nacht nicht in irgend jemandes Heim verbringen durften. Nach ihrem Gebrauch über Tag mußte man sie zurückbringen. Wurden sie über Nacht mitgenommen, war dies ein schwerer Verstoß. Wer sie benutzte, legte sie wieder zurück und sprach mit niemandem darüber. ◆ Es gab aber, wie überall auf der Welt, stumpfe und ungehobelte Menschen, welche die Werkzeuge manchmal nicht zurückbrachten. Wer, wie jene, die Gesetze des Landes nicht achtete, wurde von Feinden gefangen genommen und verschleppt. ◆ Das Leben hat sich verändert. Die neue Bildung, die neue Weisheit haben fremde Bräuche und Denkweisen mit sich gebracht. Aber die Vorfahren waren nicht

Ich möchte Stein verehren,
weil er Stille ist,
ich möchte Fels verehren,
heilig sei also seine Stille.

M. Zimunya

auf den Kopf gefallen. Sie sagten: Ihr habt eure eigenen Bräuche und eure neue Weisheit eingeführt, also ziehen wir unsere Bräuche und unsere Weisheit zurück. ◆ Die neue Bildung kam und wollte an den heiligen Orten graben, wollte die Stimmen unserer Vorfahren aufspüren, die aus den Höhlen sprachen. Sie wollte wissen, wieso die Geräte und Werkzeuge unserer Vorfahren zu einem bestimmten Zeitpunkt unbedingt zum Schrein zurückgebracht werden mußten. Woher kamen diese Werkzeuge und Geräte? Die neue Weisheit brannte darauf, das zu erfahren. ◆ Die Neuankömmlinge nahmen die heiligen Geräte fort in fremde Länder, ohne jemanden um Erlaubnis zu fragen. Entweihung. So entweihten sie die Schreine aus Stein. Was immer sie sahen, was immer ihre Gier weckte, nahmen sie weg. Das rief den Zorn unserer Vorfahren hervor. Das war auch der Beginn ihres Schweigens. Schweigen vor Zorn, nicht vor Glück. ◆ Von jenem Tag an versteckten sie,

*Es gab vieles, das wir in dem
Schweigen nicht entziffern konnten. Es war ein Schweigen vor
Zorn, nicht vor Glück. Die Erde
ist jetzt krank. Die Erde kann
uns nicht anlächeln. Wieso?*

was an Werkzeugen übriggeblieben war. Sie versteckten sie auf
ihre Weise, entzogen sie dem Blick der noch Anwesenden. ◆
Wenn die Menschen umkehrten und Reue zeigten, wenn sie ver-
sprächen, die Bräuche unseres Volkes zu pflegen und heiligen
Schreinen wie Zimbabwe Respekt zu erweisen, dann würden die
Vorfahren auch wieder offenbaren, was sie vor Zorn und
Enttäuschung verhüllt haben. ◆ Fremde Gerüche wurden um
die Schreine verbreitet. Es gab die Gerüche und Düfte unserer
Vorfahren, die sie liebten. Bäume. Heilige Bäume gab es, die zu
diesen Schreinen gehörten. Horte der Kraft, Stätten des Glücks
und der Feste, Feuerherde, an denen besonderes Essen gekocht
wurde. All diese Orte wurden von fremden Gebäuden entweiht.
Niemand fragte die *mediums*, die um die Heiligkeit dieser Orte
wissen. Niemand fragte, was an diesem oder jenem Ort gemacht
werden darf und was nicht. Niemand ist demütig genug zu fragen. So begann das Schweigen. ◆ *Das Jahr des Schweigens.* Wir

fanden kaum Worte. Es gab vieles, das wir in dem Schweigen nicht entziffern konnten. Es war ein Schweigen vor Zorn, nicht vor Glück. Die Erde ist jetzt krank. Die Erde kann uns nicht anlächeln. Wieso? ◆ Als wir um die Führung des Landes kämpften, schickten die Politiker Älteste hierher. Sie sollten darum bitten, daß der Name der Schreine zum Namen des Landes werde. Denn die Schreine, dieses Heim, waren nicht nur für die Menschen bestimmt, die in der näheren Umgebung lebten. Botschafter kamen aus dem Osten, aus dem fernen Norden, dem Süden, von überall her, um Stimmen heranzutragen und um Stimmen aus den steinernen Schreinen zu vernehmen. ◆ Wir, die *spirit mediums*, waren die Botschafter. Wir brachten das Anliegen in überlieferter Weise vor. Wir nahmen die Gesetze und Rituale entgegen, die wir zu achten hatten. Es waren Geheimnisse, die wir nicht öffentlich auslegen durften. Und dennoch lag alles offen da. Jeder sah die Zeichen und verstand sie. Auch die politischen Führer sahen, was sie sahen, und hörten, was sie hörten, wie sie es erbeten hatten. Sie schrieben alles auf. Dann gingen sie wieder. ◆ Diese Worte der Vorfahren waren verpflichtende Worte. Jeder, der sie hörte, sollte sie erfüllen, auch die politischen Führer. Aber es gab gewisse Dinge, die sie auf ihren eigenen Wegen auf der Suche nach Freiheit obenanstellten. ◆ Der Krieg um die Befreiung unseres Landes war ein Krieg unserer Vorfahren, um die Heiligkeit unseres Landes und den Respekt gegenüber den Vorfahren neu ins Leben zu rufen. Die Kinder des Landes, die in den Kampf zogen, wurden *Die Kinder der Erde* genannt. ◆ Die Gesetze und Rituale des Landes sind, seit der Rückkehr der Führer, bis zum heutigen Tag, nicht beachtet worden. Das einzige, was sie dem Land gegeben haben, ist der Name, den sie von den Vorfahren erbeten hatten. ◆ Die anderen Rituale, die sie hätten durchführen müssen, wurden nicht durchgeführt. Die geistigen Führer des Landes wissen nicht, was geschehen ist. Die Erde ist verärgert. Aber das ist nicht die Schuld der Vorfahren. Und sie sind nicht

Die neue Weisheit bietet keinen Raum
für die alte Weisheit unserer Völker.
Die Weisheiten liegen im Widerstreit.

die einzigen, die erzürnt sind. Auch die Geister der Kinder, die in fremden Ländern starben, sind voller Zorn. Sie schreien danach, in ihre Heimaterde zurückgebracht zu werden. ◆ Von jenen, die herkamen, um den Namen dieses Schreins für das ganze Land zu erbitten, machten sich manche nach Mosambik auf, um unsere Kinder zu holen. Sie gingen dorthin, nahmen Klumpen der Erde mit, auf welcher das Blut der Kämpfer vergossen worden war. Die rituelle Erde, die sie zurückbrachten, sollte bedeuten: Wir werden unsere Kinder zu Hause begraben, in der Erde unserer Väter und in der Weise, die bei uns überliefert ist. ◆ Wohin geht das Land? Wir können wieder und wieder mit den Führern reden, aber die Richtung ist vernebelt, dunkel. Diese Schreine sind heilig. Unsere Leute begreifen diese Heiligkeit nicht im mindesten. ◆ Der Aufenthaltsort der Vorfahren, die Steine und Felsen von Zimbabwe, sind noch voller Offenbarungen und Geheimnisse. Aber erst wenn wir die Bräuche und Rituale unserer Vorfahren pflegen, werden sie wieder zu uns sprechen. Alles ist durcheinandergebracht worden. Wir haben so viele Offenbarungen verloren, die wir nicht mehr hören noch sehen können. Nur wenige Glückliche, die durch das Heiligtum gehen, haben wohl noch Offenbarungen und Visionen ... ◆ Unsere politischen Führer wissen, was zu tun wäre, damit wir alle wieder mit den Stimmen der Höhlen und Felsen reden können. Sie haben den Knoten des Schweigens gebunden. Ich war bei vielen Regierungsstellen, um die Beamten daran zu erinnern, daß wir bestimmte Rituale durchführen müssen. Ich stoße immer nur auf Apathie. ◆ Eines unserer Probleme ist die neue Weisheit. Sie bietet keinen Raum für die alte Weisheit unserer Völker. Die Weisheiten liegen im Widerstreit. Die neue Weisheit ist eine Weisheit der Eroberung, der Vertreibung anderer Weisheiten. Die neue Weisheit kämpft

Die neue Weisheit ist eine Weisheit der Eroberung, der Vertreibung anderer Weisheiten. Die neue Weisheit kämpft um ihren Platz. Die alte Weisheit kämpft nicht um ihren Platz. Sie hat sich zurückgezogen und erwartet den Tag, an dem sie wieder aufgesucht werden wird.

um ihren Platz. Die alte Weisheit kämpft nicht um ihren Platz. Sie hat sich zurückgezogen und erwartet den Tag, an dem sie wieder aufgesucht werden wird. Unsere Vorfahren schlossen die Türen zu ihrer Weisheit. Der Schlüssel dazu ist die Achtung der Bräuche und Rituale. Heute wollen die Träger des neuen Wissens die Bräuche unserer Vorfahren kennenlernen. Aber sie haben nicht die Kraft, die notwendigen Rituale auszuüben. ◆ Diese Worte verursachen Schmerz. Die Schreine, dieser Stein trägt mir auf, über unser Leben zu schweigen. Die Ohren unseres Landes sind noch nicht reif genug zuzuhören. Die Passivität ist allgegenwärtig. Die Führer weigern sich zu führen. Es ist eine Art Selbstsucht. ◆ So vieles ist über Great Zimbabwe gesagt worden. So viele Worte aus wissenden Mündern. Aber es gibt keine Ohren, die den wichtigen Stimmen zuhören. Keine Ohren für das Wesentliche. Minister, Gouverneure. Führer des Landes. Keine Ohren. Taub für die Worte, die in den Stimmen der Vorfahren durch diese Schreine, diesen Stein dringen. ◆ Die Geschichte der Schreine wird nicht jedem anvertraut. Oft ging ich zu ihnen, ging hinein, um das Heim unserer Vorfahren zu sehen. Dann sah ich eine Reihe von Vorfahren bis in das fünfte oder sechste Glied. Ich sprach zu demjenigen, der vor allen anderen stand. Wir sprachen über die Geheimnisse dieser Schreine. Mir wurde auferlegt, niemanden ganz einzuweihen. ◆ Erst später gaben meine eigenen Vorfahren mein Geheimnis preis. Wenn jemand sie über Great Zimbabwe befragte, schickten sie ihn zu mir. Sie sagten: Ihm haben wir alles erzählt. Geh

Unsere Vorfahren schlossen die Tür zu
ihrer Weisheit. Der Schlüssel dazu ist die
Achtung der Bräuche und Rituale.

Ich wage es nicht,
durch Ruinen zu wandeln,
dort, wo meine
Großväter
schlafen.

N. S. Sigogo

zu ihm. Er weiß schon mehr als wir über Great Zimbabwe. ◆
Als ich den Vorfahren begegnete und zu ihnen sprach, legte ich
bestimmte Schwüre ab, die ich nicht brechen darf. Die ganze
Geschichte von Great Zimbabwe ist da. Wäre alles getan worden, wären alle Zeremonien abgehalten worden, hätte ich die
Geschichte von Great Zimbabwe diesem Land offenbaren können. Aber nein. Was wir jetzt nicht wissen, wird erst zur rech-
ten Zeit bekannt werden, wenn die Rituale begangen und die
Vorfahren so glücklich sind, daß ich offenlegen kann, was jetzt
noch verborgen bleiben muß.« ◆ Die Frau von Aiden Tevera
Manwa saß während des ganzen Gespräches auf der Veranda
und blickte in den Regen hinaus. Als wir aufbrechen, überreicht
sie uns eine Schüssel Mangos und verabschiedet uns mit den
Worten »bis zum nächsten Mal«. An der ersten großen Kreu-
zung nach Great Zimbabwe halten wir an einer Bar. Irritiert
von einer kreisenden Lichtorgel und dem Krachen und
Scheppern eines Dark-Vader-Flippers verschlucken wir uns beinahe an unserem Bier. Wir verlassen den Ort schnell wieder und
beschließen, die Worte des Hüters in die Dämmerung Great
Zimbabwes zu tragen. Wir fahren bis zum *Lower Enclosure*. Die
Stätte auf dem Hügel ist in Nebel getaucht, ein steifer Wind
streicht an den Gemäuern entlang. Die Steine werden am besten
mit den Händen sichtbar, wir berühren die Ritzen vorsichtig,
betasten die äußere Mauer und wundern uns ein weiteres Mal
über die genaue Verfugung, über das massive Bauwerk. Die
Worte Aiden Teveras hallen in uns nach: »Glaubt ihr, das können Menschen allein errichtet haben?« Wir gehen zum koni-
schen Turm, wenden uns hier- und dorthin und flüstern miteinander, zunehmend betört und verunsichert, während die Nacht
auf uns herabsinkt.

THOMAS MUKAROBWA ◆
Harare

Thomas Mukarobwa, ein siebzigjähriger Lehrer für Bildhauerei und Malerei, träumt das, was er in Stein meißelt. In ihm sieht er Leben und Tod, die Verschmelzung der Lebenden und der Toten zur geistigen Welt, in ihm die Geschichte seines Volkes, weitergetragen von Generation zu Generation. Seit seiner Kindheit sucht er seine eigene Stimme in den Stimmen des Steins, der Farbe und des Lehms. Heute versteht er sich vor allem auf Stein. Denn Stein stammt aus den Hügeln und Bergen seiner Heimat. ◆ In den Felsen von Zimbabwe sind die Stimmen, die sich mit seiner Seele vereinen wollen: die Stimmen des Landes und die Träume von seiner Zukunft. In den *balancing rocks* von Epworth nahe Harare hört er die Stimmen und sieht die Gestalten, die ihn dazu inspirieren, auf seine Weise zum Stein zu sprechen ... ◆ »Ich habe nicht gleich mit Stein gearbeitet. Zu Hause, auf dem Land, formten wir aus Lehm Abbilder des Lebens, das uns umgab: Frösche, Eidechsen, Vieh, Schafe und Ziegen, Vögel, Löwen, Affen, all die Tiere, die in den Geschichten unserer Kindheit vorkamen. Das ergibt sich einfach, wenn man in der Nähe zur Natur aufwächst und sich Tag und Nacht mit ihr unterhält. ◆ Schule war damals nicht so wichtig, und ich fehlte oft. Meine Eltern starben, als ich noch klein war. Meine Onkel, die mich aufzogen, kannten nur die Schule des Waldes. Ich hütete das Vieh, und ich hatte Zeit, meine Beobachtungen aus Lehm nachzubilden. Manchmal schnitzte ich auch etwas. Darin sahen meine Onkel eine eigene Art von Ausbildung. ◆ 1974 begann ich mit der Steinbildhauerei. Frank McEwen führte mich ein. Er wollte, daß wir frei und ohne Vorgaben arbeiten, denn er glaubte, man müsse die Stimme des Steins sprechen lassen. Er wollte den individuellen schöpferischen Geist nicht in eine bestimmte

Zu Hause, auf dem Land, formten wir aus Lehm Abbilder des Lebens, das uns umgab: Frösche, Eidechsen, Vieh, Schafe und Ziegen, Vögel, Löwen, Affen, all die Tiere, die in den Geschichten unserer Kindheit vorkamen.

Richtung lenken. Diese Freiheit ermöglichte es uns, unser eigenes geistiges Leben, unsere eigene Vergangenheit und Gegenwart zu erforschen. ◆ Ich entdeckte die Stimmen unserer Vorfahren und versuchte, sie aus Stein und aus Bildern sprechen zu lassen. Wenn sich eine Stimme in einem Bild nicht klar äußern konnte, versuchte ich es mit Stein. Wir rangen darum, die zerrinnende Vergangenheit wiederzuerlangen. ◆ Ich bin in Wäldern aufgewachsen, wo alles im Überfluß vorhanden war. Es ist traurig, wenn Menschen aufwachsen, ohne von der Natur inspiriert zu werden. Dort in den Hügeln befanden sich geheimnisvolle Höhlen. Man konnte sie nicht verschließen, und doch waren sie früher Schlafstätten. ◆ Ich kann mich daran erinnern, wie ich McEwen zu einer dieser heiligen Höhlen mitnahm. Bei unserer Ankunft klatschten wir zum Zeichen unserer Verehrung in die Hände. Dann erst betraten wir die Höhle. Dort hinzukommen ist nicht leicht. Aber wir taten, wie uns geheißen wurde. Wer die Höhlen besucht, muß zuvor mit den Einheimischen reden und sie um Rat ersuchen. ◆ Und wir hatten keine

Schwierigkeiten. Frank McEwen war so eingenommen von der Höhle, daß er beschloß, ein weiteres Mal, mit seiner Frau, hinzufahren. Aber er vergaß, was wir ihm gesagt hatten. Als die beiden die Höhle betraten, ohne das Ritual zu befolgen, und sich dann umsahen, näherte sich ihnen ein Leopard. Da fiel McEwen ein, was er unterlassen hatte, und er klatschte in die Hände. Der Leopard wandte sich daraufhin ab. Sie betraten den Schrein, aber die Angst saß ihnen in den Knochen. ◆ Das sind die Geschichten, die wir in Stein meißeln. Es sind Geschichten, die unserem Volk erzählt werden müssen, damit es erfährt, wie nahe wir einst der Natur waren. Geschichten, die unseren Kindern erzählen, wie die Vorfahren gelebt haben. Welche Bedeutung die wilden Tiere in unseren Mythen und Legenden haben. Manche von uns vergessen die Spiritualität, die einst in uns lebendig war. All das ist Thema der Skulpturen. ◆ Stein wird zur Erzählung. Wir reichen die Geschichten aus der Vergangenheit durch Stein und Mund weiter. Wenn das Wort erstirbt, übernimmt der Stein. Er überdauert. ◆ Als Künstler weiß ich, daß auch die einfachen Dinge Gaben Gottes sind. Meine Bildhauerei lebt von dieser Inspiration. Darum ist sie heilig. Wenn ich in Stein meißele, suche ich nach seiner vergangenen Heiligkeit. ◆ Manchmal, wenn ich ein Stück Stein berühre, sehe ich ein Bild vor meinem inneren Auge. Ehe mir nicht solch ein Bild erscheint, kann ich nicht zu meißeln beginnen. Man muß es abwarten können. Alles andere erscheint dann mit ihm. Ich ahme nicht einfach Gegenstände nach. Das Bild

muß aus mir heraus kommen, aus meinem Körper, meinem
Herzen und meiner Seele. Es ist sehr schwierig, den Moment
der Begegnung mit diesem inneren Bild zu beschreiben. Worte
sind zu schwach dafür. ◆ Wenn ich früher durch den Wald ging
und an Felsen vorbeikam, sah ich manchmal ein menschliches
Gesicht in einem Felsen. Oder ich sah einen Fluß, oder Erde.
Auch Tiere zeigten sich darauf. Oder Vögel im Flug. Ich konnte im Felsen alles mögliche sehen, die überraschendsten Dinge.
◆ Wenn ich mir einen Stein genau ansehe, entdecke ich Bilder
in ihm, die bereits gemeißelt zu sein scheinen. Der rohe Stein
spricht zu mir, er sagt mir, was in ihm ist. Es ist die Stimme des
Steins, die Stimme der Geister, die mir das Bild eingibt, das ich

aus dem rohen Stein holen soll. ◆ Manchmal blicke ich einen
Stein an und beginne am ganzen Körper zu zittern, mir stehen
die Haare zu Berge, als hätte ich Angst. Das kann nur bedeuten, daß Augen in dem Stein sind, die mich anblicken. Ich weiß
noch, wie ich einmal zu mir sagte: Leg dich in den Schatten dieses Felsens. Zuvor wollte ich das gar nicht. In dem Stein waren
übermenschliche Kräfte, die mich baten, dort auszuruhen, damit sie meine Träume sehen können. Im Schatten eines Steins
fühle ich mich ungemein wohl. ◆ Stein birgt Leben, Stein gibt
Leben. Manchmal möchte er, daß ich um ihn herumgehe. Ich
berühre den Stein und gleich ist mein Herz besänftigt. Das liegt
daran, daß wir alle einst in Höhlen gelebt haben. Wir sind mit
Steinen eng befreundet. Wenn du nach Inyanga gehst, dem Land
der Felsen und Höhlen, veränderst du dich. Wenn du das Land
der Hügel schändest, bist du in Gefahr, zu verschwinden. Das
unsichtbare Leben wird dich dabehalten und dich erst später
freilassen, damit du den anderen die Geschichten eines anderen
Lebens erzählst. Es gibt einige hier, die von diesem anderen
Leben entführt wurden. Du kommst nackt zurück, voll natürlichen Lebens. ◆ Die Bildhauerei versucht, die Tiefen des
menschlichen Lebens auszuloten. Eine meiner Skulpturen habe

Stein wird zur Erzählung. Wir reichen die
Geschichten aus der Vergangenheit durch Stein
und Mund weiter. Wenn das Wort erstirbt,
übernimmt der Stein. Er überdauert.

ich ›Meine Frau, mein Kind und ich‹ genannt. In diesem Werk schlingt sich ein Python um einen Mann, eine Frau und ein Kind. Ich sagte zu meiner Frau: Laß uns vor dieser Schlange nicht weglaufen. Sie umschlingt uns, um uns Leben zu geben, denn sie ist heilig. Unsere Vorfahren lehrten uns, einem Python nie Schaden zuzufügen. ◆ Träume? In den meisten sehe ich mich aus dem Himmel auf die Erde hinabsteigen. Manchmal sehe ich Löwen, Paviane, lauter Traumbilder von Skulpturen. Die Skulptur mit dem Python entsprang meinen Träumen. Ich träume die Bilder für meine Skulptur. Ich träume davon und gebrauche dann meine Werkzeuge, um diesen Traum zu erfüllen.« ◆ Nach unserem Gespräch nimmt der Bildhauer sein *chipendani* in die Hand, ein ihm vertrautes traditionelles Blasinstrument. Er spielt ein altes Lied über Jäger, die durch einen Wald streifen. Die Jagd erzwingt eine vorübergehende Trennung der Freunde, jeder tritt auf seine Weise mit dem Wald in Verbindung:

Wir sind Fremde nun,
ohne wissende Augen,
ohne Nähe,
ohne vertraute Namen.
Laßt uns die Vertrautheit ablegen
und die gemeinsamen Worte der Nähe,
denn wir sind Fremde
mit dem Wald in unseren Augen
und ohne gemeinsame Worte.

Die National Gallery, an der Thomas Mukarobwa arbeitet, liegt
am Rande der Innenstadt Harares. Skulpturen der bedeutenden
Bildhauer Zimbabwes verteilen sich über einen kleinen Park,
der sich an die Rückseite des langen Museums anschließt.
Einige der schweren Steingebilde stammen von Thomas
Mukarobwa. ◆ In der ganzen Welt stellen Galerien die Werke
zimbabwischer Bildhauer aus. Als ein amerikanisches Kunst-
magazin vor Jahren eine Umfrage unter Fachleuten nach den
bedeutendsten Bildhauern der Gegenwart machte, befanden
sich unter den zehn Meistgenannten fünf Zimbabwer. Sie alle
antworten dem Stein ihres Landes.

SUB-CHIEF KADERE ◆
Mt. Darwin

Das Dorf Tsungai nahe Mt. Darwin im Norden des Landes, im Schatten des Berges Tsakare. Stille, nur unterbrochen von gelegentlichen Kinderrufen und dem Glockengeläut träge weidender Kühe. Es ist Nachmittag. ◆ *Sub-chief* Simon Kadere entspannt sich bei unserer Ankunft in einem wellblechgedeckten Betonhaus von der Feldarbeit. Die weißen, geklöppelten Gardinen sind zugezogen. Er kümmert sich noch täglich um seine Felder, trotz seiner knapp achtzig Jahre und einer Vielzahl von Enkelkindern. Die Jugendlichen scharen sich vor seinem Fenster, im Schatten eines Baumes, um ein Transistorradio. Kadere richtet sich auf, knüpft sich das rosafarbene Hemd über einem gewaltigen Bauch zu und wäscht sich mit einer Pranke von Hand symbolisch das Gesicht. Er beugt sich vor, der ersten Frage entgegen. So ruhig sein Gesicht bleibt, ein gelegentlich explodierendes Lachen ausgenommen, so quirlig sind seine Hände. Sie flattern wie aufgescheuchte Vögel, wenn die Gedanken auf Schmerzliches stoßen. Die Handballen werden·

*Die Erde ist unser Leben, das
Leben der Afrikaner. Unser Leben
und Sterben, beides stammt aus
der Erde.*

zusammengedrückt, die Finger klopfen auf den Tisch, die Arme
zeigen Richtungen an, ein Bleistift wird auf der Fingerkuppe
balanciert, bis diese sich plötzlich zurückzieht und der Stift auf
die blumengemusterte Tischdecke fällt ... ◆ »Die Erde ist unser
Leben, das Leben der Afrikaner. Unser Leben und Sterben, beides stammt aus der Erde. ◆ Bevor die Weißen kamen, bauten
wir Getreide an, kümmerten uns um die Erde, pflegten sie, so
daß der Regen sie nicht fortschwemmen konnte. Dann führte
der weiße Mann den Pflug ein; wenn es jetzt regnet, bilden sich
Rinnsale in den Furchen. Dadurch wird die Erde leichter fort-
geschwemmt. Die Wassermassen spülen das Leben weg. Unser
Leben. Jetzt haben wir nur noch Sand. Flüsse und Felder sind
voll davon. Aber Sand ist nicht Erde, ist nicht Leben. ◆ Wenn
man mich heute als *chief* fragt, was ich wählen würde, Geld
oder Erde, würde ich mich für die Erde entscheiden. Denn in
ihr ist alles Leben. Wir alle sind ihre Kinder. Mit dem Tod kehrt
der Körper zur Erde zurück, um ihr Leben zu erneuern. Der
Geist des Toten bleibt unter den Lebenden und beschützt sie. Er
bleibt als Stimme, die aus einem *medium* spricht. ◆ Wenn
jemand ein Verbrechen begeht, ist es ein Vergehen gegen die
Erde, in der unsere Vorfahren begraben sind. Die Erde ist unser

Die Erde ist unser Gesetz, und auch unsere
Weisheit. Sie hütet unsere Gesetze, denn sie
hütet die Körper unserer Vorfahren.

Gesetz, und auch unsere Weisheit. Sie hütet unsere Gesetze, denn sie hütet die Körper unserer Vorfahren. ◆ Fremde kamen in unser Land, und wir ahmten ihre Art, mit den Toten umzugehen, nach. Da haben uns unsere eigenen Stimmen verlassen, die Stimmen der Vorfahren. Wenn jetzt ein *spirit medium* stirbt, treten Scharlatane auf und geben sich die Namen großer Vorfahren. Dies ist ein schlimmer Mißbrauch. Denn Namen sind Stimmen in unseren Ohren. ◆ Manche Bäume mußten besonders geschont werden. Ein Baum namens *mutara* diente als Stütze für unsere Häuser, also durfte man ihn nur selten schlagen werden. Auch ein anderer Baum, *murima*, war heilig. Aus ihm gewannen wir viele Heilmittel. Eine Fläche zu roden hieß nicht, ganze Wälder zu vernichten. Die großen Bäume ließen wir stehen. Kräuter, Schatten, Orte der Rast für einen müden Reisenden, all das stellt die Welt der Pflanzen bereit.

Jeder Baum spielt eine Rolle im Leben der Menschen. ◆ Auch Tiere sahen wir als unsere Freunde an; man durfte sie nicht leichtfertig töten oder gar eine ganze Herde auslöschen. Die Vorfahren und der Schöpfer ließen es nicht zu. Die Vorfahren erlaubten den Jägern nur, einzelne Tiere zu erlegen, wenn sie Häute benötigten. Manche Tiere durften überhaupt nicht gejagt werden. ◆ Während der Regenzeit wurde ein Tag im Monat von den *spirit mediums* zum heiligen Tag bestimmt. Unsere Vorfahren lehrten uns die Jahreszeit, den Regen, die Erde zu respektieren. Wenn jemand im Dorf starb, war Feldarbeit verboten. Es mußte eine Zeit der Trauer vergehen, während der die Erde, dieses Heim der Vorfahren, das den Verstorbenen aufgenommen hatte, nicht gestört werden durfte. ◆ Das sind die Gesetze des Landes, die uns überliefert sind. In dem Maß aber, in dem wir die Bräuche der Fremden annehmen, verlieren wir unsere eigenen. Die jungen Männer und Frauen mit Schulbildung erlassen heute die Gesetze des Landes. Doch sie kennen das Land nicht. ◆ Die *chiefs* und Ältesten wissen um die Heiligkeit der Erde. Die Ältesten sind die Hüter unseres Menschseins. Die heutigen Gesetze sollten die Stimmen der Alten und der Jungen, der Törichten und der Weisen versammeln: alle Stimmen. ◆ Unsere Menschlichkeit, *hunhu*, besteht aus Demut, aus einem tiefen Schamgefühl, das den Hang zur Maßlosigkeit zügelt. Einen schlechten Charakter zu haben ist wie nackt vor den Augen des ganzen Dorfes herumzulaufen. Respekt der anderen wird von Respekt für andere hervorgerufen. Andere geben deiner Menschlichkeit Namen, nicht du selbst.«

In dem Maß aber, in dem wir die
Bräuche der Fremden annehmen,
verlieren wir unsere eigenen.

A MBUYA MBERI ◆
Chiendambuya

Ihre Gebrechlichkeit setzt ihr zu, während sie auf einer Schilfmatte im Schatten ihres Hauses sitzt, einer Hütte auf Stelzen, mit einem schönen Garten und einem riesigen alten Baum davor. Die Vögel, an deren Gesang sie sich noch erinnert, gibt es nicht mehr. Mühevoll vergegenwärtigt sie sich Orte und Menschen. »Jene Tage, als ich mich noch erinnerte«, sagt sie, und meint die Zeit, als sie aus der Genauigkeit eines Gedächtnisses sprach, das nie zu Papier gebracht worden ist. ◆ Ambuya Mberi, so heißt sie, muß sich anstrengen, sich all ihre Urenkel zu merken. Ihre Söhne und Töchter sind einfach »jung«, selbst im Alter von 75. Die Zeit, die im Gesicht einer Uhr geschrieben

steht, ist der 96jährigen unbekannt. Für sie ist Zeit ein Schatten in ihrem Gedächtnis … ◆ »Ich wurde vor langer Zeit geboren, noch bevor das Christentum kam. In unserer Jugend genossen die Mädchen den höchsten Respekt, die sich ihre Jungfräulichkeit bewahrten. ◆ Als die Weißen kamen, war ich eine junge Frau, mit einem Sohn. Die Weißen gingen scheinbar ziellos durch unser Land. Das war noch bevor die Missionare kamen. ◆ Im Jahr der *mukondombera*-Seuche, die so viele Menschen dahinraffte, hatte ich meinen Sohn schon zur Welt gebracht. Die Menschen wurden krank, und gleich darauf starben sie. Ganze Dörfer starben, immerzu Tränen, von Sonnenaufgang bis Sonnenuntergang, jeder weinte. Wenn Verwandte starben, hast du nur vor dich hingestarrt und die Vorfahren gefragt, ob sie wollen, daß auch du in ihre Welt eingehst. ◆ Als die Seuche nach einem Jahr vorüber war, erhellten sich unsere Gesichter mit Leben. Da begannen wir über diejenigen zu sprechen, die nicht entkommen waren. Tot und tot und tot, einer nach dem anderen. Das war das Jahr der Seuche, *gore remukondombera*. ◆ Im Jahr der Heuschrecke hatte ich bereits eini-

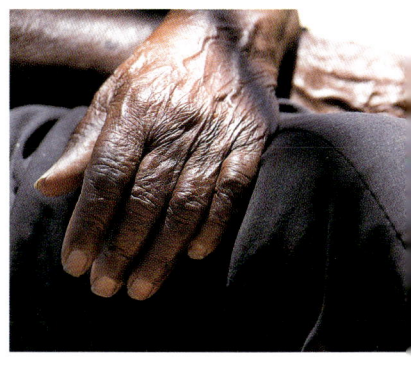

ge Kinder. Schon von weitem sahen wir die Heuschrecken wie
eine Wolke auf uns zukommen; sie blähten den Himmel auf, bis
er zu platzen drohte. Äste brachen unter der Last, wenn die
Heuschrecken ausschwärmten. Wir sammelten sie ein, um sie zu
essen und einem Weißen namens Bumhire zu verkaufen. Das war
das Jahr der Heuschrecke. ◆ Im Jahr von Hitlers Krieg, dem Jahr
des Todes, war ich eine reife Frau und hatte meine Kinder schon
alle geboren. ◆ Unsere Zeit war die Sonne, der Mond, der Himmel. Wir verfolgten den Lauf der Sonne und wußten, was wir zu
tun hatten. Wir sahen, wo der Mond am Himmel stand, und
kannten die Zeit des Monats. An bewölkten Tagen horchten wir
auf den Gesang der Vögel. Sie veränderten ihre Lieder gegen
Abend hin. In unserer Zeit gab es nur einen heiligen Tag im Monat. Nicht Sonntag, Montag, Dienstag, Mittwoch, Donnerstag,
Freitag, Samstag. Diese Art von Tagen haben die Missionare
eingeführt. Der *chief* verkündete den heiligen Tag des Monats,
indem er in sein Horn blies und ihn ausrief. Jetzt ist der Sonntag als Ruhetag vorgeschrieben. Früher lehrte uns der Mond, an
welchem Tag im Monat wir nicht auf den Feldern arbeiten sollten. ◆ Die *chiefs* waren Botschafter des Volkes. Ihnen brachte
man alle Sorgen vor. Sie kannten die Gesetze des Landes, die
heiligen Orte, Bäume und Tiere. ◆ Wenn der Regen nahte,
nahm jeder Dorfbewohner ein wenig von jeder Getreideart und

überreichte es dem *chief*. Er sollte daraus Bier für die Regen-
rituale brauen. ◆ Sobald geerntet werden konnte, brachte jeder
dem *chief* etwas Getreide. Wieder braute er Bier und versam-
melte die Bewohner zum Ernteritual. Dann beteten wir, daß die
wilden Tiere unsere Felder verschonen sollten. ◆ Wenn der Regen ausblieb, gingen wir zu einem Hügel namens *chiremba* und
tanzten und tanzten. Die Geister sprachen zu uns durch die *spirit mediums*. Ich sehe noch vor mir, wie sie mit ihren Trommeln
Bäume und riesige Felsen bestiegen, wild trommelnd. Sie tanzten und tanzten, dann riefen sie allen zu:

Jeder in sein Heim,
lauft in den Schutz eures Heims,
die Regen sind gekommen,
die Regen sind gekommen,
wer unterwegs ist,
der suche Schutz bei Freunden.

*Die Kultur der Weißen wird nicht
weiterziehen. Sie wird dem
Rhythmus der Jahreszeiten nicht
folgen, der Trockenzeit, der
Regenzeit, der Kälte, der Hitze.*

Unmittelbar darauf fiel heftiger Regen: Er ließ die Flüsse über
die Ufer treten. ◆ Die Weißen haben all das zerstört. Unsere Art
zu beten sei böse, sagten die Christen. Jetzt sind wir weiße
Männer und Frauen. Unsere Vorfahren schweigen, besiegt von
einer anderen Kultur. Die Kultur der Weißen wird nicht weiterziehen. Sie wird dem Rhythmus der Jahreszeiten nicht folgen,
der Trockenzeit, der Regenzeit, der Kälte, der Hitze. Die Geister
werden nicht sprechen. Niemand spricht mehr zu ihnen.
Niemand verehrt sie. ◆ Unser Schöpfer war kein Schöpfer von
Himmel und Hölle. Wer starb, war nicht tot. Sein Geist kehrte
zurück, um mit den Lebenden zu sprechen, ihnen bei Unwettern
und bei Krankheit zu helfen. Es war nicht erlaubt, eine Frucht
bitter oder sauer zu nennen. Man schwieg und ließ sie hängen.
Denn was Gott und die Vorfahren uns geschenkt haben, das dürfen wir nicht verurteilen. ◆ Früher achteten wir die Gesetze des
Landes, wir alle gemeinsam. Jeder war mit jedem verwandt. Jetzt
sind wir nur einzelne Menschen, wie die Weißen.«

CHIEF PATRICK MUNYARARI ◆
Zimunya Communal Lands

Die *chiefs* des hügeligen Zimunya-Landes sind beunruhigt. Das Land blutet. Die Erde ist nicht mehr so glücklich wie zu den Tagen, als ihr Ruhm in Zeremonien und Ritualen besungen wurde. Die Stimmen schweigen. Der Grund ist für *chief* Patrick Munyarari klar: Die Nation ist zu einer Schlange geworden, die sich selbst beißt und stirbt ... ◆ Wir haben uns bei ihm nicht ankündigen können. Als wir ankommen, sitzt er mit zwei jüngeren Ältesten im schattigen, engen Eingang seines Hauses. Stühle werden unter den größten Schatten seines Hofes getragen, die Begrüßungen dauern eine Weile, die Fremdheit beginnt sich zu legen. Wir sehen uns gegenseitig interessiert an. Aber noch ist ein gewisses Mißtrauen bei ihm nicht überwunden. Wir

erklären den Grund unseres Besuches. Der *chief* hat Bedenken,
mit uns über diese Themen zu sprechen. Also reden wir weiterhin über unsere Absichten und Wünsche, und er über seine
Vorbehalte. Nach einer Stunde sagt er plötzlich: »Gut, laßt uns
beginnen ... ◆ Die jungen, in den Schulen ausgebildeten Führer
zerstören das Land mit ihrem Mißtrauen und ihrer Unehr-
lichkeit. Der Führer wird zum Zerstörer, wenn er sich allwis-
send vorkommt. Er wird zu dem unheilvollen Schatten einer
ganzen Nation. Welches Dunkel hat die Demut unserer Ältesten,
unsere Weisheit, verschluckt? ◆ Wir führen ein hartes Leben.
Ich gehe barfuß. Während der eine zu essen hat, sterben die
anderen vor Hunger. Das Land kann darüber nicht lachen. Die
jungen Leute an der Macht gieren nach dem Geschmack der
Süße, welche die Weißen eingeführt haben. Die Gier unserer
Nation entsteht aus neuen Vorstellungen, die verworrene Erfahrungen hervorrufen. Das Wissen über die Bräuche der Fremden
ist ungeprüft aufgesogen worden. Die Spreu wurde nicht vom
Weizen getrennt. ◆ Die Weißen lassen ihre Leistungen dem
eigenen Land zugute kommen, den eigenen Vorfahren; sie stär-
ken den Zusammenhalt der eigenen Gemeinschaft. Wir tun das
nicht mehr. Wir gieren jeder für sich nach Macht, nach Reichtum, nach einem guten Leben. ◆ Für einen neuen Entwurf von

der Zukunft müssen sich Alt und Jung zusammensetzen. Sie müssen ein Gespräch miteinander führen, bei dem die Gebildeten nicht wie Vernichter auftreten. Westliche Bildung ist zur Dummheit geworden. Durch sie verliert das Leben seinen Zusammenhang. ◆ Jetzt stehen wir vor dem Abgrund und können bald stürzen. Wir müssen unbedingt in einen Dialog miteinander treten; es muß ein gemeinsames Bewußtsein für die Weisheit und für die Dummheit unseres Landes entstehen. ◆ Führer müssen eine Vision haben, einen Traum für das ganze Land. Wir alle müssen diesen Traum in unserem Herzen tragen, wir alle müssen ihn teilen, damit wir das Land wieder zum Leben erwecken. ◆ Frauen sind Teil unseres Lebens, sie müssen an der Gestaltung einer Vision für unser Land beteiligt sein. Was geschieht mit unserem Land, wenn ein Mann eine Frau mit Benzin übergießt und verbrennt, statt sich scheiden zu lassen? Das Leben hat nicht mehr den Wert, den es für unsere Väter

Wir müssen ein Gespräch führen, bei dem die Gebildeten nicht wie Vernichter auftreten. Westliche Bildung ist zur Dummheit geworden. Durch sie verliert das Leben seinen Zusammenhang.

hatte. ◆ Das Land ist schön. Aber unsere Häßlichkeit beginnt, sich vor die Schönheit zu schieben. Diebstahl, Mord, Raub, Mißtrauen. Keine Achtung vor dem Leben. ◆ Vielleicht gibt es Ideen, Bücher, Geschichten, die uns sagen, wo wir blind sind, wo unsere Sicht verschwommen ist, wo das Leben für unser Volk hart ist. ◆ Der Führung darf es nicht an Willen fehlen, an der Stimme der Taten. ◆ Die *chiefs* sind die spirituellen Führer unseres Landes. Die Politiker müssen mit ihnen über die Heiligkeit der Erde reden, müssen die Vergangenheit und die Zukunft unseres Landes mit ihnen teilen. Jetzt kommen Gesetze über uns, ohne daß wir wissen, woher. ◆ Die Armen werden preisgegeben. In der Vergangenheit kümmerten sich die Reichen um die Armen, teilten ihren Reichtum mit ihnen. Wenn gekocht wurde, haben alle gegessen, die Armen wie die Reichen. Gier hat die Liebe verdrängt, die wir geerbt haben.«

CHIEF CHITANGA CHITANGA ◆
Mwenezi

Wenn die Regenzeit in *chief* Chitangas Gebiet zu Ende geht, beginnt die Zeit der Weinernte. Der einheimische Wein wird aus der Frucht des *marula*-Baums gewonnen. Die Frauen bereiten ihn zu, alle trinken ihn: die Kinder in der ersten Phase der Gärung – so werden sie nicht betrunken –, die Erwachsenen nach einigen Tagen. Freigiebig teilt man das Getränk miteinander. Nach dem Gesetz des Landes darf es nicht verkauft werden. Es ist ein Geschenk der Natur, und was die Natur darbietet, darf der Mensch nicht verkaufen. ◆ Trotz der geringen Niederschläge in den meisten Landesteilen ist im Chitanga-Gebiet dieses Jahr viel Regen gefallen. Der *chief* glaubt, den Grund hierfür zu kennen: Die Menschen in seinem Gebiet leisten den Gesetzen der Erde noch Folge. Aber die Gesetze müssen auch landesweit geachtet werden, sagt Chitanga, dessen Ernennung zum *chief* erst kürzlich erfolgt ist: »Miteinander in Harmonie zu leben ist der Samen unseres Lebens. Wir leben mit anderen, andere leben mit uns. Wenn die Bräuche und Gesetze miteinander in Einklang sind, leben auch die Menschen in Harmonie. ◆ Früher brachten die Ältesten den Jungen bei, wie sie das Land zu ehren hatten, die Erde, in der die Gebeine ihrer Väter und Mütter ruhen. Wenn die jungen Leute die Gesetze der Erde nicht achten, gehen seltsame Dinge vor. Der Mangel der Jungen an Respekt für die Erde unter ihren Füßen entweiht das Land. Die Natur bringt keine Früchte mehr hervor. Manche Früchte dürfen die Kinder nicht essen, bevor nicht die Ältesten sie berührt und den Vorfahren mitgeteilt haben, daß die Frucht reif ist. ◆ Aber auch die Ältesten halten sich nicht mehr an die Bräuche, die uns die Vorfahren mitgegeben haben. Die Familien bewältigen die Probleme der Gemeinschaft nicht mehr gemeinsam. Die Achtung für die Ältesten nimmt ab, und manche Älte-

ste achten ihrerseits die Jungen nicht, leiten sie nicht guten Herzens an. ◆ Die Ältesten sind den Vorfahren am nächsten. Sie zu erzürnen ist ein Spiel mit dem Feuer. Die Ältesten besprechen sich mit den Vorfahren jeden Tag ihres Lebens, zu unserem Wohl. ◆ Der Marulawein darf aus Respekt für die Vorfahren nicht verkauft werden. Wir dürfen ihn erst trinken, wenn die Ältesten den Vorfahren durch ein kleines Ritual mitgeteilt haben, daß wir nun zu uns nehmen, was uns die Natur und die Vorfahren gewähren. ◆ Unsere Vorfahren gaben uns diese wilden Früchte. Die Bäume wachsen ohne menschliches Zutun. Solche Früchte dürfen nicht verkauft werden. ◆ Und doch verkaufen wir heute, was früher nie verkauft wurde. Auch Mais und Getreide wurden nicht verkauft. Es wurde mit allen geteilt. ◆ Heute regiert das Geld. Gier hat unser Leben häßlich gemacht. Als die Welt sich uns öffnete, als wir begannen, mit entfernt lebenden Menschen zu verkehren, entstand die Gier, der Durst nach persönlichem Reichtum. ◆ Wir haben Verachtung und habsüchtigen Stolz von der neuen Bildung übernommen. Sie besagt, du sollst essen, bis dir der Bauch platzt, während dein Nachbar verhungert. Die Reichen stehen in besonderer Gunst, die Armen werden verachtet. Leben ist heilig, nicht Reichtum. Leben muß geachtet werden. Reichtum ist nicht schlecht, aber er muß von *hunhu* begleitet sein, von

Unsere Vorfahren gaben uns diese wilden Früchte. Die Bäume wachsen ohne menschliches Zutun. Solche Früchte dürfen nicht verkauft werden.

einer tiefen Menschlichkeit, die aus Demut geboren wird. ◆ Hochmut zerstört den Reichtum eines Mannes. Denn auch ein reicher Mann kann gut sein, wenn er mit seinem Reichtum nicht prahlt. Er geht denselben Pfad wie die Armen, und niemand kann ihn von den Bedürftigen unterscheiden. Er ist bescheiden gekleidet, und jeder denkt, er ist arm. Wenn ihm eine Kuh davonläuft, bringen andere sie ihm zurück. Sie helfen ihm, weil der Reiche die Milch und das Fleisch mit allen teilen wird. ◆ Früher gehörte das Leben und der Reichtum allen. Jetzt haben einzelne Geld. Wir alle sind jetzt einzelne; wir haben nichts mehr, was wir einen gemeinsamen Besitz nennen könnten. ◆ Der gute Mensch achtet die moralischen Gesetze des Landes. Er wacht über die Gesetze, und die Gesetze wachen über ihn. Der gute Mensch wird von den Toten und von den Lebenden geachtet, weil auch er sie achtet. Respekt ist etwas, das einem andere entgegenbringen. Heute respektieren die Menschen sich selbst, statt von anderen respektiert zu werden. ◆ Heute lernen die Kinder in der Schule Gesetze, die nicht mit den Gesetzen unserer Vorfahren übereinstimmen. Unsere heutige Erziehung sollte die Lehren der Vorfahren achten. Aber die Lehrer und Lehrerinnen machen ihre Arbeit nicht so, wie unsere Mütter und Tanten sie getan haben. Die kümmerten sich um uns, und lehrten uns vieles, weil unser Versagen auch ihres gewesen

Kunzi muhu vamwe
Ein Mensch wird von
anderen Mensch genannt.

Shona-Sprichwort

wäre.« ◆ *Chief* Chitanga hat einige andere Älteste zu unserem Gespräch hinzugebeten. Nachdem er ausgiebig gesprochen hat, überläßt er das Wort dem 85jährigen Muyashe Chitanga, dem Gedächtnis seiner Gemeinschaft. Er erzählt Geschichte, erzählt von den Vorfahren, ihrem Traum, nach Norden zu ziehen, bis sie schließlich hier ankamen und sich friedlich mit den Ansässigen vermischten. ◆ Dann spricht Ambuya Mhurai Matatsauke, eine vielleicht siebzigjährige Frau: »Ehe ist ständiges Lernen. Die Frau muß lernen, wie sie mit ihrem Mann Frau sein kann. Der Mann muß lernen, wie er mit seiner Frau Mann sein kann. Gewisse Dinge sind in der Ehe heilig. Ehe ist Harmonie. Ohne Harmonie gibt es keine Ehe. ◆ Eine Frau, die mit verschiedenen Männern schlief: Das war Tod. Mit vielen Frauen oder Männern zu schlafen bedeutete, das Land zu entweihen. Das Heilige der Erde stirbt. Jetzt hungern wir. Kein Regen fällt, und wir haben nichts zu essen. ◆ Die Lehren der Weißen setzen sich über unsere Lehren hinweg. Wir gehen zugrunde. Die Länder der Welt gehen zugrunde, fallen auseinander. Die Menschen sind am Ende, sie haben sich selbst durch die neuen Lehren verloren. ◆ Die jungen Leute denken, unsere Ideen seien schmutzig, denken, sie könnten nichts von uns lernen. Niemand hört zu. Die Kinder schreien uns an, ein junges Kind, eine Stimme, die aus mir stammt, schreit mich an und fordert etwas. Die Jungen müssen lernen, diese Erde zu achten. Die Kinder gehören nicht mehr uns allen. Unser Reden ist eine Beleidigung für ihre Ohren. Wir, die Ältesten, werden schweigen. Wir haben unser Leben, das Leben unserer Kinder, an die Lehrer von heute übergeben. ◆ Die Stadt hat uns das Übel eingebracht. Die Kinder der Stadt respektieren unser Wissen nicht. Sie haben nicht gelernt, zuzuhören. Kein junger Mann, der mir begegnet, grüßt mich in der Art der Vorfahren. ◆ Nur die Augen werden sehen. Wir wünschen uns, es gäbe heute keine Geburten mehr. Wenn wir schreien und aufbegehren, sind es nur sinnlose Kopfschmerzen. Es werden immer mehr Kinder geboren. Das eine hat keinen Vater, das andere keine Mutter. Die Welt geht zu Ende. Wir werden noch dasein, viele von uns werden da sein, aber ohne menschliches Verhalten, ohne

Wir wünschen uns, es gäbe heute keine Geburten mehr. Wenn wir schreien und aufbegehren, sind es nur sinnlose Kopfschmerzen. Es werden immer mehr Kinder geboren. Das eine hat keinen Vater, das andere keine Mutter.

Würde. Wir werden die Spreu sein, so viele von uns.« ◆ Als
alles gesagt zu sein scheint, singt die Älteste in der Gruppe,
Ambuya Chaeza Ndalega, mit brüchiger Stimme ein Lied, in
dem sie eine alte Geschichte erzählt. »Geschichten sind Leben«,
sagt sie; denn durch Geschichten wurden die Kinder erzogen. ◆
Ein Mädchen kehrt von der Schule heim und zeigt uns ihr
Lehrbuch. Auch das Lehrbuch will durch Geschichten erziehen,
zum Beispiel über die vorbildliche Arbeit der *Society for
Prevention of Cruelty to Animals (SPCA)*, des zimbabwischen
Tierschutzbundes. ◆ Wir verweilen noch etwas bei dem Mann,
vor dessen Haus wir das Gespräch geführt haben. Er erzählt
von den Regenzeiten seiner Jugend. Überall seien kleine Seen
und Tümpel entstanden. In den achtziger Jahren und Anfang
der neunziger sei eine schwere Dürre über sie hereingebrochen.
Die Natur schien sich zurückzuziehen, schien der eingeführten
Technik die Felder zu überlassen. Die staatlich organisierte
Hunger- und Nothilfe schritt ein, setzte sich fest, schuf neue
Strukturen. Die Würde der Menschen versiegte, ihre Unab-
hängigkeit, ihre Selbstverantwortung verkümmerte.

Wir, die Ältesten, werden schweigen.
Wir haben unser Leben, das Leben unserer
Kinder, an die Lehrer von heute übergeben.

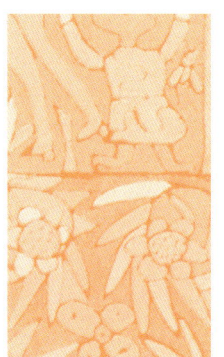

GLOSSAR

Ambuya – Großmutter, auch allgemeine Anrede für ältere, weise Frauen.

Balancing Rocks of Epworth – nationales Naturdenkmal aus balancierenden Felsen, liegt am Rand der Hauptstadt Harare. Die Felsen schmücken alle zimbabwischen Banknoten.

Chief – mittlerer Rang eines traditionellen Herrschers.

Paramount chief – höchster Rang eines traditionellen Herrschers.

Sub-chief – niedrigster Rang in der traditionellen Herrscherhierarchie.

District commissioner – kolonialer Regierungsverwalter, zuständig für einen Distrikt.

Mukondombera – allgemein Epidemie; auch der Begriff, mit dem die Ältesten heute Aids bezeichnen.

Ndebele, Ethnie, die von den Nguni aus Südafrika abstammt. Während der Herrschaft von Chaka migrierte sie aus dem Zululand und ließ sich Mitte letzten Jahrhunderts im westlichen Zimbabwe nieder. Heute bildet sie zirka 15 Prozent der Bevölkerung Zimbabwes.

Shona, ethnisch-linguistische Sammelbezeichnung für eine Vielzahl von Volksgruppen in Zimbabwe, die ungefähr vier Fünftel des Landes bevölkern. Der Name wurde ihnen von den Ndebele gegeben: *Ukutshona* bedeutet: ›Diejenigen, die verschwinden‹. Das spielte auf die Taktik der Shona an, sich den Angriffen der Ndebele durch Verschwinden zu entziehen.

Spirit medium, ein spiritueller Führer, der von einem Ahnengeist ausgesucht wird, um durch ihn zu den Lebenden zu sprechen.

SCHLUSSWORT

Die Ältesten Zimbabwes sagen: Worte können sich nicht vertei-
digen. Was in die Ohren gedrungen ist, breitet dort seine Matte
aus. ◆ Die Stimmen in diesem Buch sind Stimmen der
Geschichte, Echos einer Kultur, die noch gelebt wird und die
sich zugleich grundlegend verändert. Wenn Stimmen wie diese
mehr Gewicht hätten, dann würden die Menschen in Harmonie
mit der Natur leben, statt sie zu versklaven. ◆ In Afrika, so wie
auch in Zimbabwe, ist Alter wesentlich. Während die Menschen
in anderen Kulturen sich gegenseitig mit ihrer Jugend zu über-
bieten suchen, kommt es in Afrika entscheidend darauf an zu
beweisen, wie alt man ist. Hohes Alter ist eine Segnung, kein
Fluch. Je älter ein Mensch ist, desto mehr wird er respektiert.
Hohes Alter spricht für Weisheit und eine gewisse Nähe zur
Welt der Ahnen. ◆ Wir hoffen, die Stimmen auf diesen Seiten
werden mit Lesern in Zimbabwe die Essenz des eigenen Lebens
teilen. Leser anderswo haben die Gelegenheit, ihre Ohren der
zimbabwischen Philosophie zu öffnen.

DANKSAGUNG

Dieses Buch verdankt seine Existenz den Ältesten, die Zeit und Weisheit mit uns geteilt haben. Wir hoffen, daß es ihrer würdig ist, und verbeugen uns vor ihnen.

Herzlich danken wir allen, die uns geholfen haben, insbesondere Irene Staunton, Peter Croll und anderen Mitarbeitern der GTZ, Lyson Masango und anderen Mitarbeitern von Campfire, sowie Murray McCartney.